JN237858

横山浩之・大森修の
医師と教師でつくる新しい学校

横山　浩之・大森　修 著

明治図書

まえがき

「特別支援教育」や「発達障害」、とりわけAD／HD、LD、高機能自閉症・アスペルガー症候群といった「軽度発達障害」という言葉は、ここ数年で急激に知れわたるようになった。

一般的に言って、言葉が知れわたるようになったのは好ましい事だ。いずれ、内容理解が伴ってくると考えられるからだ。

ところが、すなおに喜ばしいとは言えない現状がある。なぜなら、LD（学習障害）という言葉は、1960年代ごろから海外（アメリカなど）で使われ始めた。そして、1970年代には日本にも紹介され、教育を中心として注目を集めるようになった。

しかし、現状はどうであろうか。いまだ、混乱のさなかであるとしか言いようがない。

学習不振児と学習障害との区別がつかない教師が、まだまだたくさんいる。また、学習障害を必死の指導や努力で乗り越えようとしているにもかかわらず、こともなげに、「この子はどこが病気なんですか」と言う教師も多い。

「この子は大丈夫でしょうか？」と問いかける保護者に、何の根拠もなく、「この子は友人関係もいいし、いいところがあるから大丈夫」と言い、対策を取ろうとしない教師もいる。そして数年後、平気で、「特殊学級でないと教えられません」と保護者にボールが返される。

教育の先生方ばかりを責めるわけにはいかない。私も含めて、医師も同罪である。診断だけつけて、後は知らないでは、保護者も子どもも迷惑する。教育現場で実行できないアドバイスをして平気でいる医師、カウンセラーも、決して少なくない。私自身も、10年前は、そう

いう医師の一人であった。誠に申し訳ない。

「様子を見なさい」と相談機関などで言われたと，患者さんの保護者からよく聞く。自然経過で「良くなる」のなら，様子を見なさいという言葉の意味はよく分かる。自然経過で良くならないにもかかわらず，「様子を見なさい」という言い方はない。やるべきことが必ずある。そうでなければ，相談した意味はない。保護者は，我が子の障害の事実を苦しみながら受容し，それを乗り越えようと努力しているのだ。それに対して対策を教えられないのなら，プロではない。

本書は，教育のプロたる大森修先生と，教育を理解しようと努力している医師の私との対談を，テープ起こししたものだ。

私には，発達障害の子どもとの長年のお付き合いがある。教室のことは知らないが，学習障害などの子どもへの個別指導なら，十余年にわたる経験がある。加えて，その経験事例も年に数例ではない。年あたり，数十例以上である。おそらく，教師が一生かかっても経験できないほどの事例に，私はすでに出会っている。しかし，医師は，教師のように毎日指導することはできない。だから，保護者や教師の皆様にお願いして指導し続けてきた。そして，成果をあげられる指導法を，私なりに作ってきた。教師の皆様と私の指導法の違いは，神経心理学や神経認知学のバックボーンの有無だ。大森修先生は，その違いに興味を持っていらっしゃるのだと思う。

教育に門外漢の私が，教育者の読者の皆様に，どんな提案ができるのか，私には本当のところは分からない。

教育のプロたる読者の皆様には，第三者評価として受け止めていただければ，望外の喜びである。

横 山 浩 之

目次

まえがき

Ⅰ スクリーニングとは

1 グレーゾーンの子どもは，将来どうなるのか　*11*
2 教師は，「事実」が言えないのに「判断」してしまう　*15*
3 保護者への対応には学校のシステムが必要である　*17*
4 医療と学校の連携を進めるのは，よい前例づくりである　*19*
5 いい親は子どもの状況を受け止めることができる　*21*
6 子どもができたことを伝える　*23*
7 交流学級の担任としての注意点　*26*
8 特殊学級の子供を何から交流させたらいいのか　*28*

Ⅱ 作文ワークとは

1 音読，視写，作文は神経心理学的にどう違うか　*32*
2 作文を書くために必要なこと　*35*
3 作文ワーク作成に向けて参考にした文献　*37*

4　作文ワーク作成の原則とは　*39*

　　　5　作文ワークの仕組み　*42*

　　　6　作文ワークの効果　*47*

Ⅲ　算数ワークとは

　　　1　算数ワークが欲しいわけ　*50*

　　　2　算数ワーク作成の手順　*50*

　　　3　算数ワークの構成原理　*53*

　　　4　算数ワーク使用の留意点　*56*

Ⅳ　グレーゾーンの子ども対応カリキュラム試案

　　　1　フィンガーペインティングの位置づけ　*62*

　　　2　学習の習慣化　*64*

　　　3　遅れている子に対応する指導　*67*

　　　4　読み聞かせと文字指導　*70*

　　　5　漢字の読み書きができない原因　*74*

　　　6　なぞり書きからの視写指導　*75*

　　　7　お手伝いで算数指導　*77*

　　　　8　就学前の算数指導　*79*
　　　　9　百玉そろばんと繰り上がりの足し算　*81*
　　　10　繰り下がりのひき算指導　*86*
　　　11　かけ算の指導　*88*
　　　12　文章題の指導　*90*

Ⅴ　必達目標は科学的な根拠を持っているか

　　　　1　必達目標の設定　*94*
　　　　2　統計学の手法で評価基準を作る　*100*

Ⅵ　特別支援教育が授業力アップを後押ししているか

　　　　1　特別支援教育の観点から見る授業力　*104*
　　　　2　教師に身に付けてもらいたい指導技術　*106*
　　　　3　校内組織の機能　*111*

Ⅶ　横山ドクターからのメッセージ

　　　　1　先生方へのメッセージ　*116*
　　　　2　管理職へのメッセージ　*116*

3　教育委員会へのメッセージ　*117*
4　報道機関へのメッセージ　*118*

あとがき

I　スクリーニングとは

　特別支援教育の答申が出されてから，スクリーニングをする学校が見られるようになった。

　スクリーニングは，所定の用紙を使ってするわけである。

　スクリーニングの用紙を使わないで，子どもをあれこれ言っていた。それが，スクリーニングの用紙を使うことで，教師はいくつかの学習も合わせてできるようになった。チェック項目が，障害の特徴を教師に教えてくれるのである。

　チェック項目が子どもを見る観点を提供しているので，子どもを観点別に見れるようになる利点もある。

　しかし，である。

　スクリーニングは，いくつかの課題を提示している。スクリーニングをめぐるいくつかの課題を解決するために横山浩之氏に尋ねた。　　　　　　（大森　修）

大森－特別支援教育の答申が文部科学省から出てから，各学校において，特別支援教育に関する取り組みがさかんになってきました。そうした中で，スクリーニングということが話題になっています。文科省のモデル地区の学校でスクリーニングが実施されたためかと思います。このスクリーニングに関して，いくつか考えておかなければならない問題が生じています。

その1つは，スクリーニングをする教師の力量の問題です。スクリーニングを項目ごとに行ったとしても，それが教師の恣意的な判断基準に基づいて行われる場合があります。そのような場合には，本来はグレーゾーンの子どもでないのにも関わらず，スクリーニングの結果上はグレーゾーンの子どもだというようなことがあるわけです。

2つ目は，スクリーニングの結果が出たときに，その結果をどのように検討し，判定するかという問題です。そのような枠組みが作られた上で，スクリーニングが実施されているだろうかという問題です。

3つ目は，そのような判定をする仕組みができているとした場合に，そこで判定された子どもたち，つまり，その子どもの背後にいる保護者の方たちに，どのような働きかけが必要なのかという問題まで最低考えておかなければなりません。

さらにその先の問題があります。保護者と子どもに対して専門機関への受診をすすめます。受診をした結果，お医者さんの判定が出ます。その後がまた問題です。つまり判定が出た後，例えばＡＤＨＤですよという判定が出た後に，そのお子さんに対して，どのように個別支援をしていくのかということを考えておかなければいけないのに，何も考えられてないという問題です。このようにスクリーニングがただ単に子どもたちを判定するということのみに使われようとするような動

きがあります。これではスクリーニングの意味がないのです。

　さらに言うならば、スクリーニングをしなければならないんだと学校で話し合いが行われているところは必ずしも多くありません。そのような学校はグレーゾーンの子どもたちが就学を終えた後、どのような状態になっているのかという認識がないのです。つまり、小学校の教師であれば、「中学へ進学するまであと1年」、いや、「いよいよあと半年」、「あと1ヶ月の我慢だ」という意識で過ごした挙げ句、「卒業してくれた。ありがたい」というようなことがないとは言えないのです。スクリーニングをしようという気さえ起きていないわけです。

1　グレーゾーンの子どもは，将来どうなるのか

大森−私どもが知っておかなければならない問題の中で、横山先生にぜひともお訊きしたいのは、彼らが就学を終えた段階で、どのようなことになっているのかです。そのことについて、ぜひ横山先生にお伺いしてみたいと思います。

横山−これは、非常に大きな問題になっています。今この場には養護学校や特殊学級の先生方がいらっしゃると思います。養護学校の子どもたちが卒業した後、福祉的な就労にどのくらいのパーセンテージのお子さんが就いていられますか。いかがですか。先生。

　「ほとんどが福祉的な就労で、一般就労は2人ぐらいです。」

　一般就労が2人出ています。そしてほとんど福祉的な就労に就いていると今おっしゃいましたね。

　「はい。」

　私が今のような指導ができるようになる以前の修業時代のことです。当時は今のような腕を持っていませんでした。現在その状況を追

> ## 軽度発達障害児の長期予後
>
> ■ かつて(平成元年~6年度)私が見ていた軽度発達障害がある児・者の9名の現況
>   ■ 就職 (経済的にも自立) 2名
>   ■ アルバイト (親と同居、経済的に自立)1名
>   ■ 知的障害者のデイケア(授産所) 2名
>   ■ 家事手伝い(アルバイトを断られる) 3名
>   ■ ひきこもり　1名
>   → 自立できているのは、たった1/3にすぎない

える子どもが9名いますが，就職できている子が，たった2名です。残り7名のうち，1人はアルバイトをしています。親と同居していますが経済的には自立しているという子が1名います。つまり9名のうち3名は何とか経済的に自立しています。

残る6名はどうなっているかというと，2人は知的障害者のデイケアに行っています。どういうことかといいますと，お金をもらえる場所ではなくて，お金を払って行かせていただいているという場所に2名です。

残る4名はどうしているかというと，3名は家事手伝いです。家事手伝いというとなんとなくいいような気がしますが，実態は，アルバイトに行くと「もう来なくていいよ」と言われるのです。1日も経たないうちに「来なくていい」と言われます。これが3名です。最後の1人は，引きこもっています。つまり自立できているのは，たった3分の1です。先ほどの先生のところの養護学校の子どもに比べて，悪いんです。

> 　ここが，軽度発達障害のお子さんたちが「軽度」の部分ではなくて「障害」の部分に焦点を当てて将来を見据えていかなければならないという問題なのです。

　もちろん，この3分の1しかというのは，私が，現在のような指導をできなかったころに診ていた子どもで，現在の子どもではありません。現在私が持っている子どもはもっと就労できています。

　当時の子どもたちの中で何が違うかというと，まず第1点に来院年齢があげられます。早く対策を始めた子どもの方がいいのです。当たり前だと言えば当たり前ですね。

　就職やアルバイトができている子どもたちは，小学校の低学年のうちに来院しています。なぜ来院したかというと，保育士や教師からすすめられて，あなたのお子さんは何か調べてもらった方がいいよということを言われて，保護者が連れて来ました。あるいは保護者の方がうちの子はちょっと遅れているみたいだから心配だから診てほしいと来院した例です。

　誰が見ても気が付くという状況になったお子さん，要するに明確な低学力があってその他の問題も明らかに見える，というのはもうこれは中学校以降です。しかし，もうこの時点では手遅れです。もう予後を改善することはできません。ここに大きな問題があると思います。

　あともう1点，考えておかなければならないことがあります。それは就労率は診断結果によって異なるということです。私の印象で言いますと自閉症の方が就労が良くないです。

> 当時，私が高機能自閉症あるいは高機能広汎性発達障害と診断した子どもたちには，残念ながら一例も就職あるいは自立に結びつけてあげることができませんでした。

　対人関係の質的な障害，これが年齢が上がるにつれてどんどん目に付いてくるということが就職できない理由のように思えます。対人関係の質的な障害がありますので，平気で人の欠点をあげつらってしまうようなことが起こります。
　例えば隣にいらっしゃる大森先生に向かって，「おでこが光っているね」などと言っちゃうわけですね。言った本人は，何かが光っているんだから良いことを言ったつもりでいます。ところが絶対こんなことは口が滑っても言っちゃいけないことなのです。が，そこが分からないわけです。
　高機能自閉症の子にとっては，事実を言ったつもり，あるいは光っているというのは良いことだという思いこみで言っているわけですね。こういう質的な障害が，年齢が上がるにつれて目立ち，そしてそれゆえに社会の中には入れずに就労を悪くしてしまうのだと思います。
　実を言うと，就労できなかった高機能自閉症のお子さんたちは，学力的には就労できたＡＤＨＤ／ＬＤのお子さんたちより高いのです。つまり，高機能自閉症であるとか高機能広汎性発達障害のあるお子さんたちの場合には，学力以外にも援助してあげなければ，就労に結びつかせてあげることができないのです。
大森－今のお話を聞けば，私たちはグレーゾーンの子どもたちに対し

て早急に何をすべきかというヒントが得れらるような気がします。

2　教師は,「事実」が言えないのに「判断」してしまう

大森－実際にスクリーニングをしますと，いくつかの問題が生じているわけです。教師がスクリーニングの結果を検討するときに，問題の原因が,「環境が原因なのか」「病気が原因なのか」「障害が原因なのか」ということが区別しにくいのです。問題の原因を検討する上で，教師にアドバイスはないでしょうか。

横山－私は，学校の先生が判断するのは無理じゃないかと思います。なぜかというと，我々，判断することに長けている医師でさえも，かなり悩むのです。また，医師でさえ判断が異なることが多々あります。

> ですから，学校の先生は，環境が原因であるとか，あるいは発達上に問題点があるとか，自分で判断しようと思わない方がいいと思います。

もちろん，例外もあります。例えば，N県の佐藤先生であれば，おおよその区分けはつくでしょう。佐藤先生が，なぜ，それだけの区分けがつくかというと，養護学校の経験があり，特殊学級の経験があり，通常学級の経験があり，特別支援コーディネーターの経験があり，お医者さんと連携して実際に子どもを良くした経験があり，薬物療法がどういうものなのかをよく分かっていて，薬物療法の効果判定もしっかりできるからです。ここまでの経験がある人ならできます。

そういう経験がない教師が，安易に「環境のせいだ」とか,「病気のせいだ」と言って，判断できるはずがないんです。一般的な意見と

して，教師が問題の原因を自分で判断しないことをおすすめします。

> そして，何よりお願いしたいのは，自分の「意見」ではなく，「事実」をちゃんと書き留めておいてほしいということです。

　学校の先生方が行動記録を書いてくださります。でも，私にとって読むところがない記録がよくあります。なぜなら，「具体的な事実」を書いていなくて，「教師の判断の結果」しか書いていないからです。
　例えば，「音読をさせました。字が読めないのでうまくいきませんでした」と書いてあります。この「字が読めないので」というのは教師の判断です。私にとってはいらない情報なんです。どのように読めなかったのかを書いてもらう方がよっぽどいいのです。
　例えば，「自分の名前に関連するような字は読める。『いしかわたろう』の『い』と『し』は読めます。だから，『いし』というのは読めました。『かわ』も読めました。でも，『おしっこ』と書いてあると読めませんでした。」このように事実だけを書いてあった方が，余程いいのです。
　学校の先生は，「事実をきちんと書く」という訓練をしてください。そうすることで，私たち医師が，「環境が原因なのか」，あるいは「病気が原因なのか」など判断する根拠がいっぱい出てくるのです。学校の先生は，勝手に判断しないで事実を書く事に徹した方がうまくいくと私は思います。
大森－我々教師にとっては耳の痛いご指摘かと思います。
　実際にスクリーニングの結果を検討しますと，教師は事実を言えないのです。今，横山先生が言ったような事実の報告ができないのです。

つまり，事実を言えないのに,「この子はこうだ」という判断をしてしまうのです。どのような事実に基づいてこのような判断が出ているのだということを詳細に検討していかなければ，スクリーニングをやっても，ただ単に，教師の恣意的な判断を書き連ねるだけということになってしまいます。

3 保護者への対応には学校のシステムが必要である

大森－多くの教師が困っているのは，保護者への対応です。スクリーニングをします。その結果，学校側は,「この子を専門機関に送りたい」と思うわけです。しかし，保護者が納得しない場合があります。保護者は,「どのような根拠で私たちに専門機関に行けと言っているのか分からない」と，ほとんどそのようにとります。

　担任は,「このようなスクリーニングの方法があって，この項目の結果，このような点数になっているので，この子にとってより適切な指導法の手がかりを得るために，専門機関で相談して頂けませんでしょうか」というようなすすめ方をしています。でも，うまくいかない場合があります。我々教師が保護者に立ち向かうときにこの事だけは心得ておいた方がいいよというようなことがありますでしょうか。

横山－2つに分けてお話します。

　1つは，スクリーニングをする客観的な根拠の問題です。この根拠はすでにあります。

> 　ＰＲＳというＬＤのためのスクリーニングテストがあります。これで異常が見つけられれば，何らかの問題をかかえています。より詳細な検査が必要なのは確実です。

> そのPRSのあとにWISCⅢか田中ビネー式といった知能検査を行います。

　この知能検査の結果に基づいて，「どんな指導をしていくとこの子は分かりやすいのかという対策を立てるために，相談機関や医療機関と相談をしましょう」と保護者に話す事ができます。
　ですから，逆にいえば，そのような検査に習熟しておくということが，まず第1点として大切です。
　2点目は，学校のシステムの問題です。担任一人で保護者に立ち向かうのは止めた方がいいと思います。
　担任と保護者がけんかを始めると何が起こると思いますか。ろくなことはないですね。保護者は，「あの担任のせいで私の子がだめになった」と言いふらすでしょうし，自分の子どもにもそれが知られてしまうでしょう。当然，子どもは教師を信頼しなくなります。
　そのようなことがクラスの中で起これば，クラスは崩壊します。せっかく学級づくりをうまくやっていても，1つのアリの穴が学級を崩すこともあるのです。

> 　学校のシステムが非常に大きな問題になります。特別支援コーディネーターであるとか，研究主任であるとか，管理職であるとか，そういった方々が保護者に向かってお話をするというシステムが学校になければなりません。

　つまり，担任と保護者が一緒に悩めるような形を作っておく事がものすごく大切なのです。特別支援教育全般に言えることだと思いま

が，担任一人で動かないという事が非常に大切になるのです。
　以上，この2点をあげておきたいと思います。

4　医療と学校の連携を進めるのは，よい前例づくりである

大森－子どもが実際に専門機関に見てもらうと診断が出ます。その診断を保護者が学校に知らせることになります。でも，その情報は直接学校が専門機関に聞いたものではありません。保護者に了解を得て専門機関に出向いて再度お話を聞くということになります。横山先生のところにも，学校からお話を聞きに来るということがあったかと思います。

　そうしたとき，先生のような医療の立場から見た場合に，「学校側はここがおかしくないか」というようなことを経験されているのではないでしょうか。「こういう点は改めるべきですよ」ということはないですか。

横山－たくさんありすぎて困ってしまうのが現実です。（笑い）

　「診断を聞きに来てください」と学校に連絡しても，来てくれていない先生がいっぱいいました。私が，「担任と協力したいので，病院に来てください」と言っても，「何で私たちが行かなくてはいけないのか」と露骨に不快感を示す担任がいたり，「管理職が許してくれません」となったり，さまざまです。

　でも，最近は，すぐに来て頂けるようになりました。それにはあるきっかけがあります。2003年の『学校運営研究』で，私は特別支援教育で論文を書きました。その論文が『内外教育』で取り上げられた次の月から，がらりと変わりました。（笑い）それまでは，「来てください」と言って来てくださる先生は3分の1しかいなかったのです。今

は、「来てください」とお願いすると2人3人と連れだって来てくださいます。掌を返したように変わりました。(笑い)

これは、何を意味しているのでしょうか。

> 学校の仕事が、「お役所仕事」なのです。最初に「子どもありき」ではないのです。

まず、学校の「前例」が大事にされるのです。その「前例」というのは、「管理職や教師が経験した前例」であって、「全国の前例」ではありません。他の学校だと当たり前のごとくやっている事を、自分の学校ではやらない。やらないのが常識だと思っている。これをなんとかしてほしいというのが私の思いです。

これを逆にうまくやっている事例があります。G市立第三小学校の佐々木校長先生が退職間際の2年間を使い、自らグレーゾーンの子どもや問題のある子どもの保護者を毎月呼び出して、説得して病院に連れてくるということを続けました。当然、その子どもたちは1年2年と経つにつれて非常に良くなりました。もちろん、まだだめな子もいますけれども、良くなった事例がたくさん出ました。

G市はまだ田舎のところがあります。ある学校で良いことが起こります。すると、隣の学校の保護者は、「なんで隣の学校はやっているのに、私らの学校ではしないんだ」とさわぐのです。すると、学校長はやらざるを得ない。そのような形で広がりました。

G市立第三小学校で始まった波は、第一小学校、第二小学校、第四小学校、第五小学校とすべてに広がっています。

例えば、「第二小学校に他県から転入した子がいる。その子どもは

何らかのグレーゾーンの子どもらしい」とします。そうすると，その子の担任と保護者が，G市立病院の私が受け持つ外来に直接来てしまいます。しかも，知能検査から何からのデータをすべてそろえてです。こんなにすすんだところもすでにあります。

　だから，本当にやりようだと思います。G市はこのような良い前例ができたので，やらないではいられません。その前例は隣の学校から隣の学校へと広まりつつあります。良い意味での田舎性が学校を変えている例だと思います。

大森－特別支援を必要としている子どもに対する教師の責任と言ったらよいでしょうか，責務と言ったらよいでしょうか，そういうことが段々と教師の間にも分かってきたといえるでしょう。教師の取り組みに対する構えとか態度とかも変わりつつあるということが各地に見られるようになってきましたね。今のお話は，きわめて先進的な取り組みの例を聞いたわけであります。

5　いい親は子どもの状況を受け止めることができる

大森－私どもは，さまざまな保護者と向き合うわけです。保護者が医療機関に来たとき，横山先生が見て，「あっ，この子はこの親であれば良くなる可能性が高いな」と思うこともあれば，「この子は，ちょっと時間がかかりそうだ」と思うこともあると思うんです。

　どんな保護者の場合，この子は良くなる可能性が高いなと思われますか。または，この子，少し時間がかかるかもしれないと思われますか。

　子ども自体の問題ではなく，保護者側の問題として先生はどのように思っていらっしゃいますか。

> 横山－いい親というのは，状況の受容ができる親ですね。

　病気であれ，子どもの行動であれ，それをありのまま受け止められる親が強いですね。そして，その状況を受け止めて，ポジティブシンキングができる，プラスにとらえる，トラブルをチャンスにとらえることができる親は，非常に強いです。逆に言うと，そういうふうに考えられるように，親に指導をしていくともいえます。

　一方，親自身が何らかの軽度発達障害であるとか，精神障害を持っているケースというのは，厳しい場合があります。場合があるというのはどういうことかといいますと，親にその自覚があるケースはその限りではないということです。親も，自分が何らかの精神障害であるとか，何らかの問題点を持っていることを自分が自覚していて治療的な試みをしている場合，こういうケースは，逆にプラスに働きます。こういう事例は，治りがいいです。

大森－普通学級における特別な支援を要する子どもさんだと，医療機関の診断結果を得て普通学級で生活をしていく子もいれば，この子は特殊学級で学ぶ方がより望ましい，というような結果が出ることもあるわけです。

　医療機関の診断結果が出たからといって，すぐに特殊学級へ行くということはないです。その市町村の就学指導委員会，これは法的なものによって設置が義務づけられています。そこでの判定によって特殊学級へ行ってよしというようなことが決まるのです。

　そうした場合，教師側の問題といえばそれまでなのですが，現実問題として，教師はその子が特殊学級に移ったということで，ほっとし

てしまいます。「自分の手を離れた，これで私は楽になった」と。

　しかし，私はそのように思う教師を一概に責めることはできないと思っているのです。それは，その学校の中にその先生を支える仕組みがなかったり，あるいは特別支援のことについて勉強する機会がなかったりするからです。このような中で，まさに七転八倒して苦しんできたことを考えてみますと，教師がそのように思ったとしても何ら不思議ではありません。

6　子どもができたことを伝える

大森－問題は，このように特別支援教育の仕組みが整ってきたときです。例えば，1年生のときには普通学級にいました。2年生の4月1日からは特殊学級になりました。このような場合に，保護者は確かに特殊学級へ行くことを承諾もし，お医者さんの話も受け入れ，それなりに納得もするのです。でも，これから始まる教育については分からない。自分に経験がないぶんだけ大変な不安を抱えるわけです。

　そこで，ぜひ学校もしくは教師の方で保護者に関するケアと言いましょうか，サポート，あるいは情報提供と言ってもいいのですが，ここだけははずさないで保護者の関係づくりをしてほしいということはありますでしょうか。

横山－これは，障害の種別によってまるっきり違うのです。

　精神発達遅滞であるとか，学力遅進が明らかになったLDのお子さんの場合，これで，自信を持って毎日の生活が送れるということを指し示す必要があると思うんです。

その場合，今まではできなかったけれど，これからはこういうことができるのだということ，今まではできなかったけれども，この子に合わせて，この子の学力を伸ばすために，今度はこういう試みができるようになったということを指し示してあげることが一番だと思います。

　二番目は，特殊学級に移ったということで，いじめられるのではないか。あるいは，特殊学級に移ったことで，今までやれたことができなくなってしまうのではないかという，親心ならではの心配があります。そのようなことがないように先生方の配慮がいります。

　配慮がいりますと言っただけでは話になりません。私のポリシーに合いません。

> 　具体的には，特殊学級でなければできないことを，子どもに身に付けさせて，その内容を普通学級に交流するという仕組みが必要です。

　現に私は今，メーリングリストの面々とやっているわけです。ここの中にもいっぱいいらっしゃいます。ＭＬ研究プロジェクトのメンバーは手を挙げてください（多数挙手）。ほら，こんなにいっぱいいますね。

　何をやっているかと言いますと，特殊学級の子どもたち同士で，手紙のやりとりをしたり，カレンダー作りをしているんです。全国の30校くらいが参加していると思います。そうすると，特殊学級の子どもたちは，自分宛に全国30の学校から毎月手紙が来るわけです。こういうのをちゃんと保護者に見せてあげるんです。通常学級ではこんなこ

とはできないですよ。特殊学級でないとできないことです。

> 特殊学級に入ったことにより，手厚い保護をちゃんと受けられ，通常学級の子がうらやましがるような，そういう教育の事実を示すことが，一番大切だと私は思います。

それが，何よりの配慮だと私は思います。

大森－今のお話で，少し思い出したことがあります。私が，新潟大の付属小学校にいたとき，複式学級を担任してたんです。

複式学級に行ける子どもというのには，2つの見方がありまして，選抜された優秀な子どもたちが行くんだという噂が一方にあります。もう一方では，1，2年生が一緒に勉強する。3，4年生が一緒に勉強する。だから，あそこへ行くと上学年の方，つまり，2年生，4年生，6年生の子どもたちは勉強が遅れてできなくなる，だから，あんなところに行くべきではないという噂もあるんです。

そのときに，どうしたかというと，今，横山先生がおっしゃったようなことが大切になってくるんです。複式学級に入ったために，こんなことができるようになったということをきちんと示してあげる。例えば，兄弟関係がない一人っ子のお子さんは，4年生になったとき弟や妹がたくさんできるわけです。そういう体験の中で，一人っ子では育ちにくかった，こういう点ができるようになった。あるいは，下学年の子どもに1対1で教えるという経験を通して，学力もよりいっそう確かなものになっていったという事実を示す。そのことによって，親御さんたちが，「ぜひ，うちの子を複式学級に入れてくれませんか」ということまで起きるんです。だから，そこまでできるかどうかは別

としても，今お話いただいた観点はきわめて重要なんですね。しかしながら，現実はそうではありません。

7 交流学級の担任としての注意点

大森－井上先生は，特殊学級を担任されて交流していると思いますが，交流する側の教師は，必ずしも横山先生がおっしゃった状態にはないと思うんです。

そこで，お聞きしたいのは，交流学級の先生にはこのようなことをぜひ考えてほしいということを，2つに限ってお話しいただけますか。
井上－交流学級の担任の先生には，まず1つ目に，

> 学習に行ったときには，居場所をちゃんと確保してほしいということです。居場所を確保した上で，お客さん扱いはしないでほしい。

私が，一番最初に行ったときに，全員総立ちの拍手で迎えてくれた交流学級の担任がいました。もうやめてくれと言いました。そういうお客さん扱いではなくて，交流の学習に来たんだよと。これは一緒にやろうねという場所，雰囲気を持って迎え入れてくれるということですね。

2つ目は，交流学習に行くと私がついて行けない，担任がついて行けないというのもあるので，そういうときには，

> その子に分かる手段とか，分かりやすい方法，こういったことを少しは考慮してやってくれるということです。

交流学級では，言葉で授業をすることがとても多いのですが，ちょっと絵を添えてやるとか，その子の側でちょっと指をさしてあげるとか，そういう何気ないことのできる教師がいいなと思います。

大森－実際に交流をしていると，さまざまな報告書には，特殊学級の担任と交流学級の担任が綿密な打ち合わせをする事が大事だ，だから，できるだけ打ち合わせの時間を確保しなさいということが書いてある。でも，本当に打ち合わせをしたら解決できるのかと思うのです。

今は，交流学級側の先生のお話を聞きましたが，佐藤先生，いかがでしょうか。同じように特殊学級を担任している先生もですね，よりよい交流ができるように，このようなことは改善すべきだという点もあるのではないでしょうか。2つに限ってお話しください。

佐藤－まずは，お任せしないということです。全部お任せになっちゃうことってありますよね。「この時間，お願いします」と言って見に行かない特殊担任もいます。

私は普通のクラスに特殊学級の子どもを出しているんですけれど，複数子どもがいるので見に行く時間がない場合があるんですね。

> そういうときにどうするかというと，子どもにカセットテープを持っていかせるのです。

録音ボタンを指して，「ここ押しておいで」と言います。そうすると，後で聞いて，学級担任が授業中に何を話しているのか分かりますよね。「こんな事やっているんだな。この授業だと，この子はここ分かってないな。」授業で何をやったかが分かればフォローできます。

学級担任は，録音されているのが分かりますから，普段より明瞭に

はっきりと指示してくれます。だから，私が行かなくてもうまくいくというシステムになっています。

> 打ち合わせをしなくても，相手側の先生と私とで録音したものをもとに話し合っていくことができたり，子どもを支援することができたりするので，効果的な方法です。

相手の先生の力にもよるんですけれども，その先生がどういう先生なのかということを分かっていないと，無理なお願いはできないと思うんですね。

> その先生が得意な教科とか，力をつけられると思う教科の時間に子どもを出しています。それが私が判断してやっている事の1つです。

8　特殊学級の子供を何から交流させたらいいのか

横山－私は，保護者に「何から交流させたらいいですか」とよく聞かれるんです。私は，「お掃除からやりなさいね」と教えています。

　どういう事かというと，小学校1年生ですと，通常学級の子どももきちんとお掃除できません。そうですね，みなさん。

　ですから，特殊の子どもたちには，特殊学級で，生活単元の時間の中でお掃除の特訓をして，通常学級の子どもよりもうまくできる状態を作って，それから交流させなさいと必ず言っているんです。こういう簡単なことでいいんですよ。

先ほどですね，ＭＬ研究プロジェクトの例を出したのは，分かりやすい例として言ったのです。目の前に，この子どもが将来できるようになるといいことがいっぱい転がっています。そして，その中には，通常学級の子どもでも，まだあまり鍛錬させていないのでできないなというのが山ほどあるんですよ。

> 　だから，子どもが将来できるようになるといいことを鍛えて，その内容を交流させればいいんですよ。1つでいいんです。たった1つで。その1つだけで，通常学級の子どもたちは特殊学級の子を馬鹿にしなくなりますから。そういう実践を1つ作ってほしいんですね。

大森－現実にはですね，横山先生のおっしゃったようにはなっていないと思います。特殊学級の担任の先生，この中に結構いると思いますけど，何の時間に交流をして，親学級といわれている学級に送り出しているか，ということを考えますとね，例えば，横山先生が今おっしゃった形でやって，送り出しているとは到底思われない。

　つまり，時間調整ね。普通，学級の先生方は空き時間という呼び名の隙間時間がありますね。ですから，特殊学級の先生も当然あって然るべきですから，そのような意識で送り出している先生もいないとは限りません。

> 　ですから，この特別支援教育というのは，これまでの特殊学級担任の責任も改めて問い直していると言わざるを得ません。もちろん，送り出した側の学級担任の責任も改めて問い直している。

どのような関係が仕組みとして学校の中に作られなければならないかという学校全体の在り方，それも厳しく問うている。

しかし，子供たちの発達保障という観点から言えば，手遅れになるかもしれないという重い課題を伴って突きつけている。手遅れというのは，分かりますよね。普通の大人として自立をしていけなくなる。それくらいの大変な事を，私たちに問いかけているような気がしてなりません。この問題は，今後，さらに検討されていくことだと思います。

Ⅱ 作文ワークとは

　これまで，AD/HD，LD，アスペルガー，高機能自閉症の子どもに対応した「ワーク」はなかった。

　特別支援を必要としている子どもを就労につなげるためには，「ある程度の学力」が必要である。横山浩之氏は小学校4年生までの読み，書き，算が必要だと言う。

　しかし，学習材としてのワークがないと言う。横山氏は臨床の場で自作したワークを使っていた。外来で来る子どもの数が増えて対応ができない。また，外来に来られない多くの子どものためにも，医学の理論と臨床の場で培った指導法を踏まえた「ワーク」を作れないであろうかと考えていたと言う。

　支援を必要としている子どもへの熱い思いで実現したのが「グレーゾーンの子どもに対応した作文ワーク」である。

　作文ワークの背景にある理論とワークの構成原理を分かりやすい言葉で説明してもらった。　　　（大森　修）

1 音読，視写，作文は神経心理学的にどう違うか

大森－続きまして，横山先生に是非お聞きしたいのは，音読，あるいは視写ですね，あるいは作文。それぞれを神経心理学的理論から言いますと，どのような違いになっているのかをお聞きしたい。

横山－古いものですが，ＩＴＰＡ言語発達検査というのがあります。この検査は，1950年代から心理学的な仮説として作られ，現在なお使われている検査です。

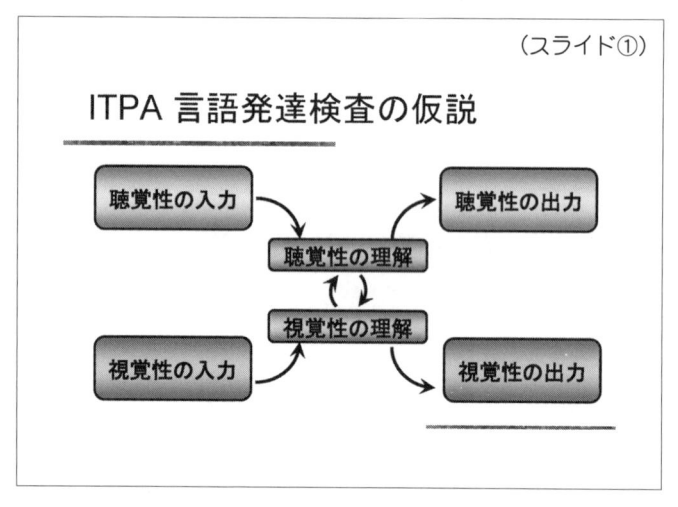

（スライド①）

ITPA 言語発達検査の仮説

聴覚性の入力 → 聴覚性の出力
聴覚性の理解 ⇅ 視覚性の理解
視覚性の入力 → 視覚性の出力

　我々は，情報を五感を通して手に入れます。その中で，言葉に関連するものは耳から入るか，目から入るかのどちらかしかありません。
　従って，耳から入るもの。要するに，音声言語ですね。あるいは字として目から入る。このどちらかしかないのです。それらのものは，何らかの形で理解され，お互いに関連し，そしてまた，口からしゃべる，あるいは文字を書くという形で出力されるということが心理学上の仮説として考えられている。

この仮説は，1970年代〜80年代に，こんなの本当かいなという話で見捨てられていた時期があります。
　ところがですね，現在脳科学の進展，もっとはっきり言えば，放射線科学の進展により，これがちょっと変えれば本当だということが分かってきました。
　例えば，言語の理解というのは，かつての仮説（スライド①）では2つに分かれていましたが，どうもそうではなさそうで，脳の中の3つの場所が共同して行っているらしい，ということが現在分かっています。（スライド②）

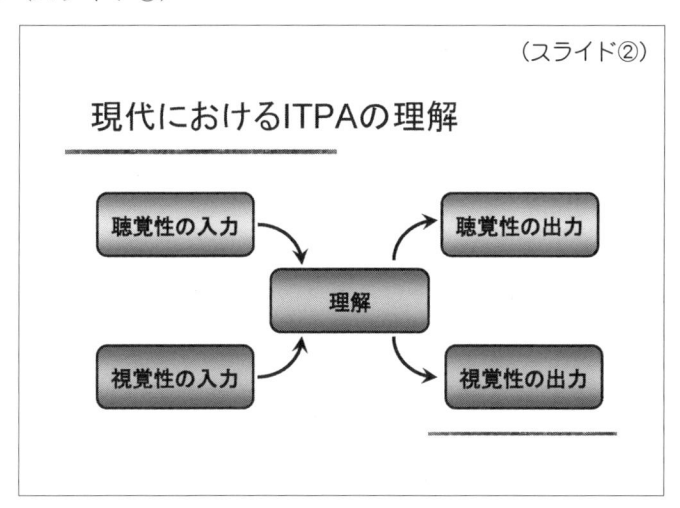

（スライド②）
現代におけるITPAの理解

聴覚性の入力 → 理解 → 聴覚性の出力
視覚性の入力 → 理解 → 視覚性の出力

　現在いろんな事が分かっておりまして，聴覚性入力は，側頭葉から入り連合野を経て，そして，前頭葉から頭頂葉にかかる部分を通して出力させることができる。
　同じように視覚性の言語に関しては，後頭葉から入り，そして，頭頂葉から出るというような形がよく分かっています。
　当然，これらの場所のどこかがだめだという子がいても不思議では

ありません。
　何を意味しているかというと，この場所の動きが悪ければ，こちらがどんなに頑張ってもこの部分の補いはできませんので，その症状が見えますよ，ということです。

> 　さて，音読というのは今の理屈から考えるとどんな作業かというと，もう分かりますね。視覚性の入力から入り聴覚性の出力に出す作業です。

　だから，これは言葉というものを理解していくときに，絶対通らなければならない道を音読という作業を通してさせることになる。だから，音読というのは大切だよというわけです。黙読だと「聴覚性の出力」はないんでしょ。スライド③右上の，この部分がないわけです。だから，音読でなければならないわけです。
　実際は，そのようなことを川嶋隆太先生をはじめとした神経放射線科学の医師がいろいろ考えています。
　もし，この音読というのがうまくいかない子どもがいるとするならば，ここ（視覚性の入力）のところを目一杯使っちゃってるからだめなんでしょ。他の手段で補っていく必要があるということですよね。そうすれば，使っていない入力はこれ（聴覚性の入力）ですから，聴覚性の入力を使ってあげるしかないんです。
　聴覚性の入力からその書いてある文字を助けてあげることは，どんなことかと言えば，読み聞かせに決まっているわけですね。読み聞かせをすることが音読指導の補助手段だということが明確に示されるわけです。

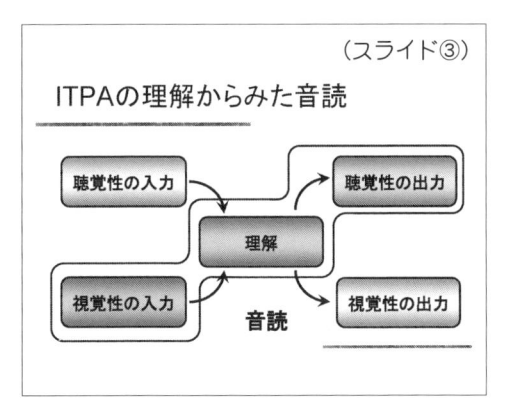

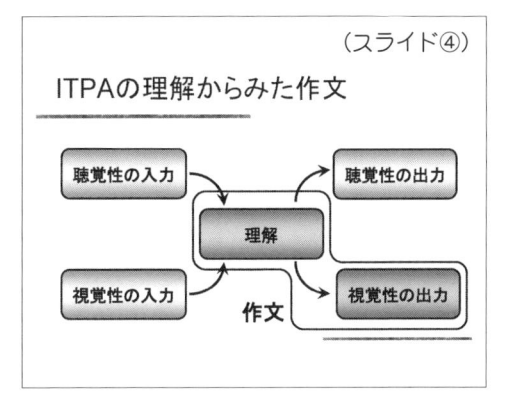

(スライド③) ITPAの理解からみた音読

聴覚性の入力 → 理解 → 聴覚性の出力
視覚性の入力 → 理解 → 視覚性の出力
音読

(スライド④) ITPAの理解からみた作文

聴覚性の入力 → 理解 → 聴覚性の出力
視覚性の入力 → 理解 → 視覚性の出力
作文

2 作文を書くために必要なこと

横山－そして，作文の場合も同じようなことを考えることができます。作文の場合は，かなり難しいですよね。読みに比べて。

なぜかというと，入力が何もないわけですよ。今まで自分が体験したことであるとか，自分が考えたことを出しなさいと言うだけなんです。何の援助もないわけです。

とするならば，

　作文の基本というのは，この「入力をしてあげてそれを出力する」ということができるようになることが，その援助の手段として考えられる。
　例えば，聴覚性の入力から入れてあげれば，それは手だてとしての聴写（スライド⑤）ということになりますし，視覚性の入力ということになれば，それは，視写（スライド⑥）ということになります。

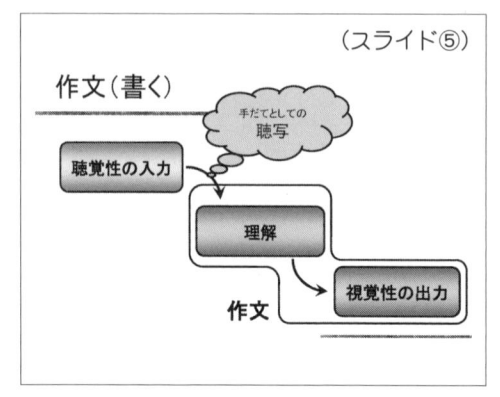

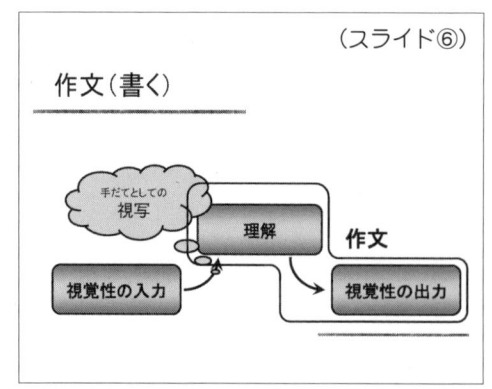

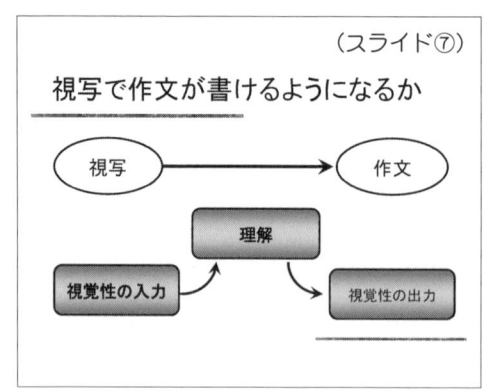

(スライド⑤) 作文（書く） 手だてとしての聴写 聴覚性の入力 理解 作文 視覚性の出力

(スライド⑥) 作文（書く） 手だてとしての視写 視覚性の入力 理解 作文 視覚性の出力

(スライド⑦) 視写で作文が書けるようになるか 視写 作文 視覚性の入力 理解 視覚性の出力

　そして，視写のための教材というのが，みなさんご存じの「うつしまるくん」のわけですね。

　しかしながら，視写で作文が書けるようになるかと言われると，多分みなさん「うん」とは言わないと思うんですよね。

　それはなぜかというと，この視覚性の入力したものと視覚性の出力したものは全く同じですから，「理解」（スライド⑦）が十分に鍛えられていないわけでしょ。じゃあ，「理解」を鍛えればいいんでしょ。何の入力をしたらよいのかというと，それは，視覚性の入力部分を減らして，手だてを減らしてあげて，作文ができるようになればいいんですね。（スライド⑧）こんな事を私は考えたわけです。

じゃあそれはどんなものか。皆様に苦労して作って頂いたのが『グ

(スライド⑧)

???の必要性

視写 → ??? → 作文
視覚性の入力 → 理解 → 視覚性の出力

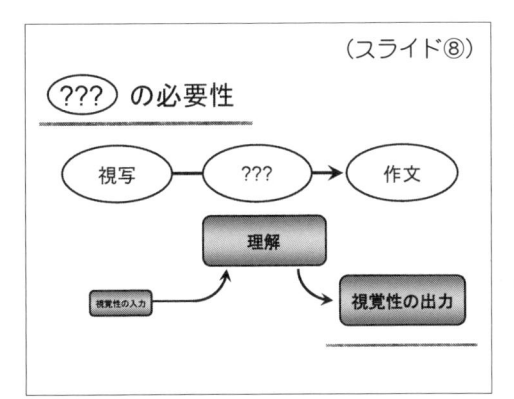

レーゾーンの子どもに対応した作文ワーク』なわけですね。

　これは想像していた以上に通常学級の子どもたちに役に立っているようで，私は非常に驚きました。もちろんグレーゾーンの子どもたちにとって，あるいは学習障害の子どもたちにとってこのワークブックが良いのは，皆さんより私の方がよく知ってます。しかし，通常学級にいる普通の子どもたちにもかなりの効果があると聞いて，非常に喜んでます。

　大森先生がいつも，「グレーゾーンの子どもたちに分かる手だてというのは，通常の子どもたちにとっても必要なことなんだ」と確信を持っておっしゃるのが少し分かるような気がします。

大森－音読とか視写，それと作文との違いを神経心理学的にお話しいただいたわけです。

　じゃあ今のお話の内容を満たすような作文ワークが作れるかというと，話は簡単じゃないわけですね。これは，「分かるとできるの違い」くらいに大変なことになります。

3　作文ワーク作成に向けて参考にした文献

大森－そこで，作文ワークを実際に作った人の話を聞きます。一番最初に合格になったという人がいます。7割5分くらいが全部ダメとはねられたときに，一番最初に合格になった作文ワークを作ったのは，

N県の斉藤さんです。つまり今のようなことが示されていない段階で作って合格になっているわけです。何を考えて作ったのか，その話をお願いします。

斉藤－作文ワークの１年生を担当しました斉藤です。うちの大森グループには，松野というすごい人がいます。彼が作文ワークの企画・方針を立ててくれました。それについては松野がお話します。その方針に基づいて１年生では何を考えたかというところだけをお話します。

　１年生の最初に何をするか，作文という形で何を載せていけばいいのか分かりませんでした。

　でも，手がかりにしたものがあります。それは，「うつしまるくん」と，それから横山ドクターがずっと使っていた「野口ワーク」（『楽しく力がつく作文ワーク』野口芳宏編）です。

　この２つの他に，村野聡先生の「二百字作文ワーク」です。これは一つの体系ができています。その「二百字作文ワーク」で，短作文というものを学びました。穴埋めがあるわけなんですね。はじめは写していくんですけれども，穴が空いていて，そこに入れ込んでいけばいいワークになっています。

　これは今，横山ドクターがお話をされた「視覚の入力」が小さくなっている状態を，村野先生は考えていらっしゃるということです。

　それから，それがＷＥＢ上のコンテンツになっているのが，東田昌樹先生の「作文ＷＥＢフラッシュ」です。これも低・中・高学年と素晴らしい体系ができています。クリックしていくと，はじめにお手本があって，今度は「あなたもここに入れてご覧なさい」というような穴が空いています。

載せる文は，どんな文でも良いという訳ではないです。そこに載せるものは，名詩・名文でなくてはなりません。向山先生の『国語の授業が楽しくなる』というところから始まる向山型国語の名詩・名文，良い文を写させるとか，入れていくということがあると思います。

大森先生の『論理的思考力を鍛える』というのも，散文ではなくてやはり作文の中の論理的思考ということで必読書でした。

あと，指導要領も読みました。教科書も見て，教科書がどんな配列で言語教材・言語学習を入れているかというのも見ました。そのほかにも短作文とか，『第三の書く』のようないろいろな短作文の本を読ませて頂いたのですが，私たちの中で大事になったのは，今言った大きく4つで，村野氏，東田氏，向山先生，大森先生の著作です。

その中で，はじめは「小さい『っ』」だとか，まずは「写す」というようなところから，語彙レベルのところから始めて作らせていただきました。

大森－今，話にあった松野さんが，横山先生から依頼を受けたときに，我々は何を考えて作ろうかという第1回目の会議を持ったわけです。その会議を受け，その会議で話されたことに基づいて，松野先生が大枠の基本原則みたいなものを作り上げて，執筆者を募集しました。そういう経緯になっています。

4　作文ワーク作成の原則とは

大森－しかしながら，先ほど話しましたように，最初作り上げた7割5分以上は全部はねられているわけですよね。そのように，何回も何回もはねられる中で，いったい私たち「作文ワーク」に携わった者は，何が大事なことだと学んだのか。そのことについて松野さんいかがで

すか。

松野－『グレーゾーンの子どもに対応した作文ワーク』というものの原則は，最終的には次の3つになったかと思います。4冊のワークを全部網羅してご覧になれば大体の検討はつくと思います。

> 1つ目は語彙を増やすということです。

作文ワークの中には，例えば「仲間の言葉」だとか，「様子を表す言葉」「言葉を組み合わせる」「反対の言葉」「熟語」「外来語」などのように，言葉を広げるワークがそれぞれ10枚程度含まれております。
当初あまりこういうことは想定していなかったのですが，横山先生から「グレーゾーンの子どもは言葉が少ない」というお話をお聞きして，このようなワークを作成しました。

> 2つ目は正しい表記と正しい文を学ばせるということです。

主に1年生では「正しい表記」になります。先ほど，斉藤の方から話があった「小さい『っ』」「小さい『ゅ』」などのことです。学年が進むに従って，「正しい文，一文を正しく書く」，「主語と述語を対応させる」，さらには「レトリック」というものが入ってまいります。そういう形で「正しい文を学ばせる」ということが2つ目です。
このような「正しい表記」「正しい文」を学ばせる中で，我々は大きく3つのレベルに分けました。1つは「語のレベル」です。単語を正しく書ける，言葉を正しく認識するというような形のものです。2つ目は「文のレベル」です。一文を正しく書けるというものです。こ

れは多分低学年から高学年までの中でさまざまなバリエーションがあって，それぞれのワークの中で含まれているかと思います。

> 3つ目は文章のレベルです。

ここが最終的な作文の目標になるかと思います。
　それぞれ初級編・中級編・上級編の中には，いろいろな文種の文章が入っているかと思います。それを学ばせていくというのが「文章のレベル」です。

> 1番のポイントは，自分で考えて書く部分を設定し，自分で書く部分を次第に増やしていくというワークを組むことでした。

これが1番難しかったのです。つまり，正解が生じないんです。正解が生じにくいワークをどうやって作成するんだということで，我々は非常に苦労した覚えがございます。
　そしてこのワークを作成するにあたって，次第に自分で書くという部分を増やしていくという形をとりました。
　最初はなぞり書きから始まって，写し書き，そして自分で考える部分が穴という形で入り，最後には1枚ぽんと自分で任されるワークにしようということになりました。最終的にまとまったのは，1つの内容で数枚のユニットで組み立てようという発想でした。
　こういう形で，すべての作文ワークが組まれております。ここまで到達するのに多分2年程度かかっているのではと思っております。以上です。

5　作文ワークの仕組み

大森－横山先生からの依頼によって，このような貴重な勉強の機会を与えていただけたということで，私たちは感謝をしております。実際にできあがったワークの仕組みはどうなっているのかについて，横山先生から解説をしていただきます。

横山－さて，どんな仕組みになっているのかというと，これがユニットの1枚目です。

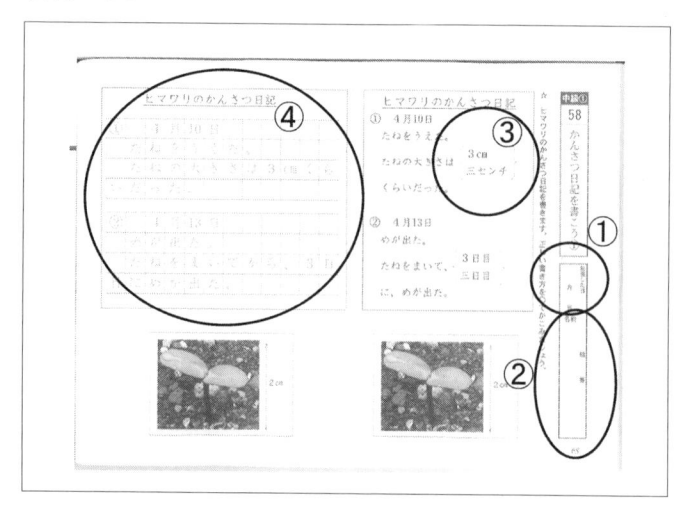

ここ（①）には勉強した日を書くことになっています。そしてここ（②）には名前を書きます。見てお分かりのように，他の所に比べると，かなり小さい字で書かなければいけないようになっています。

これは意図的にそうしているわけですね。

　　自分の名前というのは一番書く機会が多いものですから，うまく書けて当たり前，とすればここは訓練の場として使わなければ

> ならないので、ここはわざと小さいのですね。わざと小さくなっています。

　これが結構大切なのです。なんでもそうですが、勉強というのは、毎日行われなければ定着しません。そして、丁寧に行われなければ発展しません。その思いがここに入ってます。
　そして次です。

> 　誰でもできそうなことから入る。それでなおかつ、間違える子がいてもおかしくないというところから入る、というのがポイントになっています。

　だからこのワークでは、横書きだったら漢数字じゃなくて算用数字を使うんだよ、なんていうのが、最初に入っているんですよね（③）。
　そして、ここの内容（③）をこちら（④）に写すだけになっているわけですが、最初の時点では、なぞり書きです。ただこれは、何をやったらいいのかが、学力が非常に低い子であっても明確なわけですね。これがユニットの1番最初のところにある。
　2枚目のユニット（次頁参照）に入ってくると、ちょっと難しくなってますね。さっきに比べると量が多いでしょ。作業量が多くなってるでしょ。ここのところ（⑤）は全部自分が書かなくちゃならない。でも最初はやさしく、なぞるだけです。
　そしてこの様子を文にするとこうなりますよというのが、左側にあるわけです。文章は、そのまま書くだけですから、なぞるだけで終わります。だからかなりやさしい。

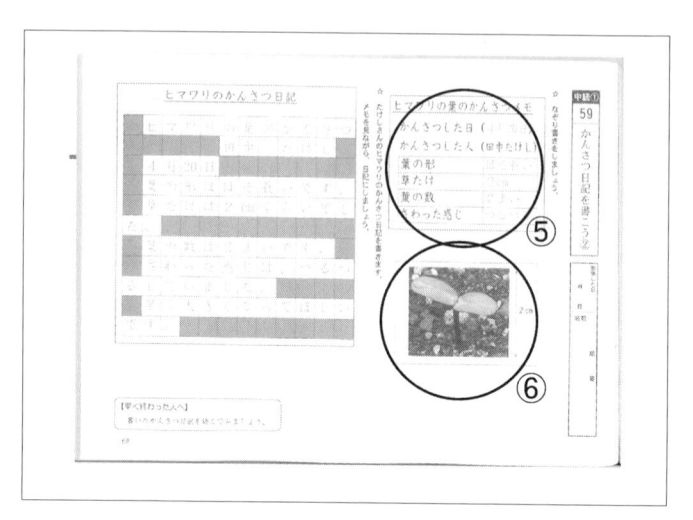

そして，ここ（⑤）の内容は，ここ（⑥）に絵で示されています。

> 要するに，この「葉の観察メモ」というのがどんな状況なのかということを，自分の体験で分かるように，視覚的な刺激で示してあるわけですよ。

　この絵で示してあるというところが，実は結構いいポイントになっています。できあがってから見て分かったのですが，ここが実は自閉症に対するものすごく良い支援になっています。
横山－これは３枚目です。３枚目になると，観察した人は自分になります。絵の様子を見ながら，ここ（⑦）を書かねばなりません。そして，ここ（⑧）の自分の名前は自分で書きますが，ここ（⑨）のところはここ（⑦）を見ながら自分で書かねばなりません。先ほどの２枚目に比べると，一段難しくなっています。
　そして，この作文ワークの白眉の部分はここにあります。

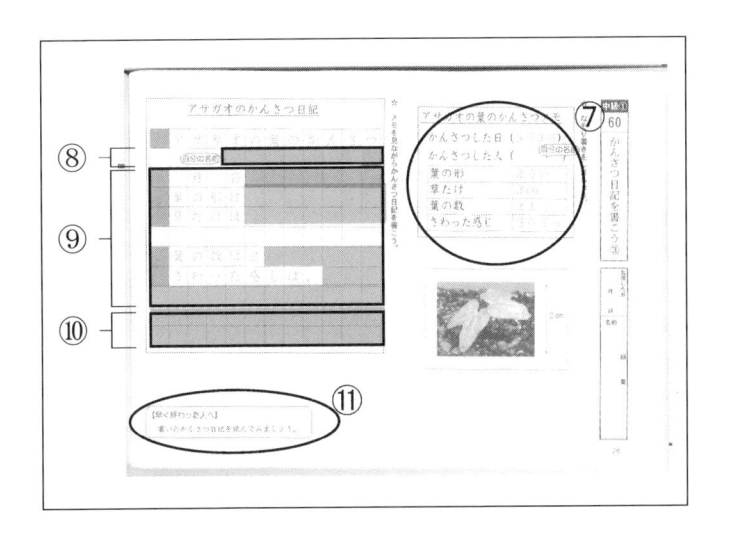

II 作文ワークとは　45

```
ここ（⑩）は何にも書いていない。自分で感じたことを書けば
いい。分からない人は前のページを見て写してもいいんですよ。
```

　ここ（⑩）がこの作文ワークの胆です。このワークが作文のワークたる所以ですね。

　そして，ここ（⑪）に早く終わった人への配慮があります。「書いた観察日記を読んでみましょう」とある。このワークは学校の朝自習のような隙間時間にやることを想定していますから，このような指示があるのです。もし家庭でやるのであれば，当然させねばなりません。

　紙面の関係，定価の関係で，ちょっとこのワークブックは小さめになっています。グレーゾーンのお子さんにやらせるときには，拡大コピーすることも考慮しなければなりません。なぞりの部分が濃すぎると，子どもはやる気をなくしますので，薄く。

　時間を決めて，できるだけ丁寧にやらせることがポイントです。ば

あっとやって「何分でできました」は，だめです。「5分かけてやりなさい。その代わりできるだけ丁寧にやる。」一見似てますけど全然違う。「5分でやりなさい」と言うと，できない子は5分で一通りやって終わり。できる子は丁寧にやり直しですよ。そういう工夫がなければなりません。そして学校でやるんであれば，調子のよい朝の時間にやることが配慮になると思います。

配慮すべきこと

- グレーゾーンの子は、手先が不器用
    - → 拡大コピーすることも考慮すること
- なぞりの部分の濃さに注意
- 時間を決めて、できる限り、ていねいに
    - 時間を競わせてはいけない
- 調子の良い時間に行うこと
    - → 朝の時間帯など

必須事項

- ひとつひとつのユニットを、ある程度連続して行うこと
- 視写と併用すること
- 視写がむずかしい子には、なぞり書き教材を準備して併用
    - 教科書を拡大コピーして、トレッシングペーパーをはりつけるだけ
- 視写したものを、必ず読ませること

6　作文ワークの効果

大森－このようにして生まれた作文ワークは，多くの場所で使われています。「実際に使ってみて，このようなことがありましたよ」という方，この会場におりますか。手を挙げていただけますか。

石田－特殊学級を担任しております。言語発達障害，言葉の面が特に遅れている3年生の男のお子さんに作文ワークを使いました。

4月に担任したとき，視写のスピードが20字〜30字でした。作文ワークを使って，ちょうど6ヶ月間で，視写のスピードが3倍から4倍になりました。120字〜140字になりました。

以前は，お母さんとお話をしないとその日の日記が書けない。しかも書いたって，3文ぐらいでした。「今日算数をやりました。先生に怒られました。テレビを見て寝ました」ぐらいの作文をお母さんと話してやっと書いていた子どもでした。でも，今は自分の力で10文ぐらいの日記を書くようになりました。

言語の面がそのように伸びたので，算数ができるようになりました。1年生と2年生で，1年生の2学期の算数しかできませんでした。3年生の最初で，繰り上がりのある3＋8の計算ができませんでした。それが，5ヶ月間で，あかねこ計算スキルの計算の分野が，1年生の1学期から始まって，3年生の2学期のところまで一気に進んで理解して使いこなすことができるようになりました。もちろん，計算ができるというレベルではなくて，かけ算も意味が分かって使える。わり算も意味が分かって使える。今は3年生の2学期。同じ学年の1学期遅れぐらいまで追いついたということです。すごい伸びだと思っています。

大森－もうひと方。

村上－5年生の女の子であります。ちょっと障害がありまして，なぞり書きもなかなかできない。自分から何かをすることができなくて，パニックになると手がつけられない。担任から補助に来てくださいと頼まれているお子さんです。そのクラスを持っていました。

　「反対の言葉」というワークがあり，それを2時間後に授業することが分かっていたので，お家の方にお願いして，そのワークをやってもらいました。あとで様子を聞きますと，「喜んでやってくれましたよ」と報告を受けております。実際にその後，反対の言葉の授業をしました。ワークの内容を全部覚えていまして1回も手を挙げたことがないその子が，どんどん手を挙げて，発言をしてノートに書いて，たくさんの丸をもらって，まわりの子からビックリされて，「〇〇さんてすごいねえ」と言われました。そのときの様子を1日日記に書いて，お家の人に報告してくれました。

III　算数ワークとは

　「作文ワーク」と「算数ワーク」。どちらも必要である。
　「算数ワーク」は，本書に続いて出版の予定である。
　「算数ワーク」も，「作文ワーク」同様に必要であるが，これまで作られることはなかった。作れなかったと言ってもよいであろう。
　医学の理論に基づく治療と臨床の場での教育的指導を合わせて実践した横山浩之氏の登場なくしては，作ることができなかったのである。
　ワークの実物を本書では収録していない。しかし，横山氏が語る構成原理には，目を見張らされることであろう。
　算数ワーク作成に携わった松野孝雄と斉藤一子が，作成のエピソードを語っている。二人のエピソードも支援を必要としている子どもへの算数指導に参考になるであろう。
　　　　　　　　　　　　　　　　　　　　（大森　修）

1　算数ワークが欲しいわけ

大森－作文ワークはこのように，好意的な反響を得ているわけです。
　横山先生が，「今度は算数ワークが欲しいんだ」と言われています。作文ワークが必要な理由は，「視写と野口作文をつなぐ作文ワークがないから」と言っていました。
　算数が必要な理由は何ですか。
横山－現在市販されている算数のワークブックは，単元の系統性ということを何ら顧みないで作られているワークブックなので，最短距離を通り抜けなければどうにもならないグレーゾーンの子どもたちには，使えないということです。

> 　基礎学力を養うためには，ある単元で覚えた内容は，次の同じような単元で使えないといけないでしょ。当たり前だよね。でもそういう配慮がある教材って見たことがないのです。

　だからそういうワークブックが欲しい。私は外来でやっているので，それに肉をつけたものが欲しいということです。

2　算数ワーク作成の手順

大森－この作文ワークの現状があって，算数ワーク作りも足掛け2年がかりで始まっています。これも作文ワークと同じぐらい辛い難産でありまして，簡単にはできない。私たちはどのようなことを考えて算数ワーク作りをしたのか，まず作成にあたった斉藤さんからお話しください。

Ⅲ 算数ワークとは 51

斉藤－系統性がないというワークの中で，向山型の「お父さんが教える算数」というワークがありますね。それを私たちのたたき台とさせていただきました。が，これだけでは当然，横山ドクターからダメ出しを受けます。「お父さんが教える算数」の中には余計な言葉が山のように書かれていると，横山ドクターから言われました。ですから，「お父さんが教える算数ワーク」を基本形にしたんですけれど，はじめそれを，そっくりそのままの状態で作った作成者は木っ端みじんに打ち砕かれてしまいました。

　もう1つは「あかねこ計算スキル，ノートスキル」があります。子どもたちがどうすればよいか，一目で分かるスキルになっています。それがもう片方にあって，それらを合体させればいいんだなあと私としては理解をしました。でもノートスキルの場合は，隣にお手本があって，それを写すという形になっていますよね。障害を持つお子さんは，それすらもできないんです。写すことができない。そこで，ノートスキルのお手本の部分を見ると，薄い字になっている。とすれば，そこをなぞっていけばいいんですよね。1つなぞる。そして，なぞる中に穴を空けておいて，お隣を見ればそれが見える，分かるという段階を踏んで，作業量もあって，というふうに考えたものを作りましたら，横山ドクターが少しにっこりしてくださいました。

　ほとんどが薄い字で書かれていて，だんだん□が増えていって，最終的には全部が□になる。例えば，式でしたら，自分で立式するような形になっています。

　上の方には，例えば「基本形です」などという言葉もばっさり切ってしまってよい，よけいなこと言うなと。単刀直入に入れたいものをそこに表して，それをなぞって，そして……というふうに作っていく

んだよと教えていただきました。

大森－松野さん，まとめ役としてどのようなことを考えたのかお話しください。

松野－まとめ役というよりは，横山先生に教えていただいたものが正しく伝わっているかどうか，いくつか方針のようなものがありましたので，お話いたします。

(1) 教えるべきことはきちっと教える。しかも作業で教える。

　算数にはさまざまな定義や公式が出てきます。最初にきちっとした形で教えようと考えております。ただし，定義や公式を示してあっても，子どもはそこを素通りします。そこで何らかの作業が必要です。先ほど斉藤が申したように，なぞり書きをさせるなどの作業を入れる形で組み立てています。

(2) とりあえず，やり方が分かることを優先させる。

　これが正しいかは怪しいところはあるのですが，このように考え作成してあります。一番重要だと思っていますがどうでしょうか。

　（横山 註：その通りです。変化のある繰り返しをさせて，意味理解につなげます。）

(3) ノートスキルに結びつける。

　ワーク終了後に，いろんな問題に出会ったときに，同じようなスキルで問題が解けていくことを目指す。

　作成上，いくつかの原則を考えておりました。

(1) 何を学習するのか一目で分かるよう，シンプルに構成する。

　そのために，言葉を削る必要が次々に出てきました。不必要な視覚情報は，結構入り込むものです。これもまたバッサリと切られました。

(2) 変化のある繰り返しをどれだけ入れられるか。

(3) レディネスを考慮する。

　一番簡単な説明としては，補助計算が入ってきます。補助計算が入ることで学習する学年を1つか2つ落とすことができます。あるいは，ユニットの最初を1つか2つ下の学年の課題から始める形のものもあります。

(4) どの子にも充実感を与える。

　ある程度できる子にも，やったんだという充実感を持たせるために，問題数を考慮したり，作業の量を考慮したりして作成しました。

3　算数ワークの構成原理

大森－何回にもわたってダメを出し続けて，ようやく完成のめどが付いたわけなんですけれども，そういうことを通して，先生が考えられていた算数ワークの構成原理みたいなもの，先ほどの作文ワークでお聞きしたようなことですね。それっていうのはどういったことだったのでしょうか。

横山－まず子どもの実際のことでお話させていただくと，その外来に来て算数ができないと言っている子どもたちがどこで躓いているんだろうと親に聞いてみると，親はさまざまに言うんですよ。「計算ができません。」「図形が分かりません。」あるいは昨日もそうでしたけれども「物差しの見方が分かりません。」「量のはかりとりが分かりません。」「文章題になるとかけ算と足し算の区別が付きません。」さまざまおっしゃいますな。ほんとにさまざまです。

　ところがですね，その子どもたちがどこの部分で躓いているかということを系統を追って探ると，

> ほとんどの子どもが，なんと，小学校1年生の繰り上がりの足し算というところで躓いていることに，私は気が付いたんです。

　9割以上そこです。9割以上はそこで躓いています。「いや，うちの子どもができないのは繰り上がりの足し算じゃなくて，足し算を使うのか，かけ算を使うのか，そこの区別ができないんですよ」と保護者はおっしゃいます。そういうときに私は，繰り上がりの足し算をちゃんとサクランボ計算をさせて書かせるということを親の目の前でさせます。そうすると9＋8＝17とすぐに答えは出るのですが，9といくつを足したら10になるというのが出てこない。出てこない，出てこない……それで指を使ってやり始めるのです。そこで初めて親もそこのところができていない，と気が付く。

> 要するに，小学校の算数で一番のステップの大きな肝(きも)は，数のまとまりの概念をいかに操作するかを覚えるところです。

　そこで躓いている子が多い。とするならば，そこのところをいかに教え込むかというのが一番大切ですね。
　そうするとだめな教材というのが当然あるわけです。算数セットでもありますが，繰り上がりの足し算を丸暗記させるのがありますね。カードみたいなのを作って。ばかもの！ということになるわけです。そんなのを使っちゃいけない。
　そのようなことで，数の固まりをいかに操作させるかというところさえ，なんとかきちっと教え込んでしまえば，もうあとはどうにでも

なるんですね。そこの気付きがあるのが，私が外来で行っている算数指導の特徴です。

　子どもたちが必死になって練習している様子はいっぱいあるわけですが，それはすでに大森塾でお話をして，冊子になっておりますので，内容は省略します。(『私家版：診察室でする治療教育（仮題）』として，明治図書より刊行予定。)

　みなさんにぜひともよく分かっていただきたいのは，知識とかそういったものは，非常に低いレベルの理解もあれば高いレベルの理解もあるということです。このときに，高いレベルの理解というのは低いところの理解がなければ成し得ないという，ごくごく当たり前のことを分かってほしい。これを間違っている教師がどれだけ多いか。ここに気が付いていただきたいと思いますね。

　「向山型は，教えないよ」と言っているのは，要するに「この辺はあんまり教えないんだ，だけど，ここはぴっちりやるんだよ」ということなんです。ノートスキルなんかが良い例ですね，そういうことだと思うんですね。それを算数ワークでは，より徹底し，より系統立てて行う。それがこの算数ワークの特徴です。

大森－どのような実物ができあがってくるのか，少しは興味が持てたでしょうかね。

　横山ドクターがよくおっしゃってることは，「数の固まり」であります。数の固まりの概念ができれば，子どもたちは自分の力で4年生ぐらいまではいけちゃうんですよと言っているんです。ですから，そこのところをどの教材を使ってどのように指導するのかという問題なわけですね。これはですね，いずれ横山先生がお考えになっている算数のカリキュラムについても今日の後半で少しお話を聞きますけれど

も，それが本格的にできあがってきたら，案外革命的な事態が起こる可能性もあるんです。つまり小学校で教えるべき算数の中身は，教えなくていいことが半分以上あるというようなことにもなりかねないような問題提起なんですね。ですから，それについて後半にご期待をいただきたいと思います。

4　算数ワーク使用の留意点

大森－先生に最後にですね，算数ワークに関してお聞きしたいと思います。ワークを使うときに，作文ワークと同じように，この点だけはちょっと考えて使ってほしいなということはございますか。

横山－

> 　算数の場合は毎日やることが大切だということ。それから，おそらくこのワークブックの内容だけでは難しいというようなことが出てくると思います。

例えば親御さんにやってもらう場合，親御さんに問題を作ってやってもらい，自分でノートに書くという作業も必要になってくるだろうと思います。

しかしですね，内容的な部分に関しては，このワークブックの通りに丁寧にやってくれさえすればいい，というようなものができあがると思います。おそらく，みなさんの方から見た場合，朝自習とかそういったところでぽんと預けておいて「勝手にやりなさい」ってね，そういうワークブックになるだろうというふうに思います。

実際，加藤先生が作文ワークを6年生で使ってくださっているそう

ですが，システムができてみるとなんの指導もいらないとお聞きしています。いかがですか。

加藤－そうです。

横山－渡すだけだとおっしゃっています。渡すだけで，すべての子どもたちが，わーっとやってくれるので，先生の手は空いているわけです。その時間にこそ，個別支援ができるというふうに考えていただければと思います。

大森－今の最後に言っていただいたことは，きわめて重要な示唆を得たというふうに思っております。

　今回の算数ワークには，使い方の留意点というものを入れた方がいいですね。作文ワークのときに入っていなかった。だから，今回は実際にそれを入れてやったほうが使う人には丁寧かなと思います。

横山－その意味では，国語も改訂版が必要なことは事実です。なぜかというと，漢字のところがぽんと出てくるんですけれど，3年生の頭のところで3年生の漢字が全部出てきてしまうんです。そこは直さなくてはいけないですね。ここのところ，監修者として汗顔の至りでございます。申し訳ありませんでした。

Ⅳ グレーゾーンの子ども対応カリキュラム試案

　横山浩之氏の「学習理論」は，医学の理論と臨床を背景としている。医師として当然なことである。
　1．レディネスの理論
　2．神経心理学の理論
　3．AD／HD，LDなどの理論と臨床
　横山氏は，これらの理論と共に臨床を通した「指導理論」をも背景として持っている。
　1．一目で分かる工夫
　2．「無視」をする
　3．まず，全体を相手にする
　理論と指導の一体化を「模擬授業」で自ら提案されることもある。
　これらを踏まえて，4年生までの学力を保証するカリキュラムを提案しているのが，本章である。
　ムリ，ムダ，ムラを省くと，このようなカリキュラムになるのかと驚かされる。　　　　　　（大森　修）

大森－横山先生のお話を聞いていますと、「カリキュラム」に関する話がところどころにありますね。「カリキュラム」というのは、私ども学校の教師にとりましては、極めて大事なものです。

「カリキュラム」という場合には、「指導内容」というのがありますね。「指導内容」というのは、私どもの場合、学習指導要領を指すのが通常です。それと、その指導要領の内容をどれくらいの時間をかけてやるのか。そして、どのような教材を使ってやるのか。私どもの場合はほとんど、教材は教科書ということになります。教科書を使って、指導内容を子どもたちに習得させる。これこれの時間を使って習得させるというのを書いたのが、「指導計画」と呼ばれているものです。

「カリキュラム」という場合は、学校教育の総体を指します。ただ単に教科教育ではなくて、それ以外の教育活動も含めてつくられたものを「カリキュラム」と言っているわけです。

今日、横山先生にお聞きしたいのは、グレーゾーンの子どもたちを視野に入れた場合の「カリキュラムづくり」論の中に、私どもがあまり考えていないものがいくつか出てきている点についてです。

例えば、先生は「『学習の習慣化』というのが極めて大事なことなんですよ」というようなことを言われていますが、「学習の習慣化」を図るためのカリキュラムをつくるというような、明確な意志表示をした公立学校は、多分ないはずです。

もう1つは、キャパシティの問題があります。「グレーゾーンの子どもたちは、キャパシティが狭いのですよ」と言っておられます。キャパシティが狭いがゆえに、何をどのように教えればいいのかという問題が関わってくる。その「キャパシティ論」があります。

それともう1つは、公立の小・中学校では、多分死語になっている

「レディネス論」がありますね。レディネスという言葉を聞いたことがない教育系の大学を卒業した教師はいない，多分聞いたことがあると思います。

しかしながら，公立学校では，レディネスの問題というのは，ほとんど話題になりません。なぜ話題にならないかというと，先ほど言いましたように，指導内容が学習指導要領によって決められているからです。ですから，レディネスという問題がほとんど問題にならない。

つまり，「1年生ではこのような内容を教える」「2年生ではこのような内容を教える」ということが，レディネスに合っているのだという前提のもとで，指導内容が定まっているからです。

でも，現実的には学習についてこられない子どもがいたりとか，あるいは，今回問題になっているグレーゾーンの子どもがいたりするのです。レディネスの問題を抜きにしては，公立校であったとしても授業をしていくわけにはいかないというような現実も生まれているわけです。

ですから，横山先生が改めてレディネスの問題を強調されたことによって，私どもはレディネスの問題を考えて指導計画をつくったり，授業の展開を考えていったりするというようなことをしていかなければならないような状態になっています。

さらに言うならば，「変化のある反復・繰り返し」というような，授業の組み立てに関するようなところにまで踏み込んで，横山先生はご発言なさっています。

今述べましたようなことをふまえまして，それぞれでも構いませんし，相対的にでも構いませんが，先生が考えられている「カリキュラムを考えるときの基本的な原則」といいますか，原則にはこういうの

があって，それは，グレーゾーンの子どもたちにとって，このような意味のあることなんだというお話がありましたら，まずお聞きしたいなと思います。

1 フィンガーペインティングの位置づけ

横山－長い話になりそうですが，端折っていきます。

> まず，グレーゾーンの子どもたちというのは，どんな障害の子どもたちでも「微細運動障害」という障害を持っています。

それは何かというと，指が動かない。いつもよく見せるこの通りの（動画を見せる）状況です。

この様子を見てください。親指と人さし指がほとんど動いていない。親指と人さし指が一直線でしょう？　ほとんどのみなさんが今ペンを持っています。親指と人さし指をこの子のようにしっかりと固定して，そのままで自分の名前を小さく書いてみてください。書けるものなら書いてごらんなさい。（参加者，書いてみる。）

いかがですか。

参加者－思うように書けません。

横山－思うように書けるはずはないですね。としたならば，この状態で「漢字を10個書きなさい」と言われたら，あなた，どうなりますか。

参加者－嫌になります。

横山－嫌になるどころか，漢字を覚えられますか。

参加者－もう，やりたくありません。

横山－という状況になりますよね。それを分からずに適当にやらせる

とどうなるかというのは，みなさんもう分かりますよね。

みなさんは漢字を教えようとして，漢字嫌いを教えているのです。

> だから，微細運動障害がある状態で練習をさせたのでは，書くことが嫌いになるのは当たり前だから，「文字指導をする前に指が動くようにしましょう」というのが，私の考えです。

実際，フィンガーペインティングという訓練をして，そのあとのお子さんの指の動きです。（動画を見せる。）これ，同一人物です。

全然違うでしょう，この状況と。ちょっと同じ子のように見えないでしょう。でもこれ，同じ子なのです。全く同じ子です。

> そして，私はフィンガーペインティングの実践で，ある程度の水準に達するまでは，字の練習を一切させません。親には禁止しておきます。

例えば，子どもですから周囲の子どもたちが書いているのを見て，「私も書けるわ」と書いて見せたりするのです。「よかったねえ」とほめるだけでそれ以上はしない。積極的に字を書く練習はさせません。絶対させません。それはなぜかというと，さっきの状態で字を書くのを練習させられたらどうなりますか。

参加者－やりたくありません。

横山－きれいに書けないから，やりたくなくなるよね。字を書くのが嫌になったら，将来作文の練習をしたいと思いますか。

参加者－やりたいと思いません。

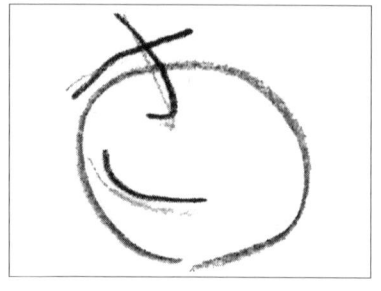

▲初めて書いた字，なぞり書き

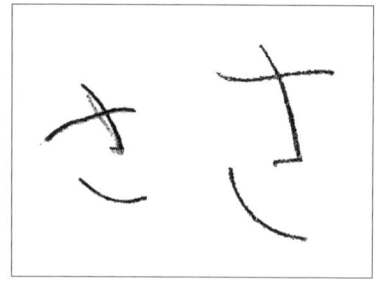

▲なぞり書き（左）とうつし書き（右）

横山－という状況をつくらないために，フィンガーペインティングをさせるわけです。そして，フィンガーペインティングさせた9か月でこれくらい書けるようになるわけですけれども，その状況で初めて外来で字を教えて，これくらい書けるのです。

これ，かなり拡大しているからずれているように見えますが，せいぜい1mmぐらいしかずれていないです。初めて書いたのですよ。さとこちゃん，さとこの「さ」です。よくこういうときに「あいうえお」の「あ」から書かせるバカがいるんです。何で「あいうえお」の「あ」なのですか。自分の名前から書かせるのに決まっています。さとこの「さ」。最初は全部なぞり書き。2回目では，なぞり書きは2画目まで。最後は，うつし書き。

自分で初めて書いたさとこの「さ」です。この字だったら1年生として通用しますよね。でも，この子はまだ1年生になっていません。この4月に小学校1年生になります。

というふうにやります。

2 学習の習慣化

フィンガーペインティングの訓練は指の訓練であるわけですけれども，それと同時にほかのことも訓練している。訓練だけならば，1日

に50分でも100分でもどんどんやればいいかというと，やらせればやるでしょうけれども，それで良くなるかというと，そうはいきません。

そうでなくても落ち着きがなくて，うまくいかない子たちですから，「1時間やれ」と言ったって，やりはしないのです。それより大切なのは何か。

> 「短い時間でいいから毎日やる」ということです。

毎日，毎日です。毎日きっちりやってもらう。

はい，みなさんの中でみなさんのお子さんと特定のことを毎日必ずやっていますという人，手を挙げて。1人，2人，3人……。ああ，偉いですねえ。さすが。普通こういうことで手を挙げさせると，ほとんど手が挙がってこないですよ。

> つまり，こつこつと努力する習慣を育てるということも，この訓練に秘めているわけです。

毎日5分。その習慣を親子共々つけるという……親子共々です。

面白いもので3か月ぐらいやると，親がやるのを忘れた場合，子どもが「今日，やらないの？」と言うようになります。こうなったらしめたものです。私もそうですけれどもね，「ほら，今日勉強どうなっているの？」と言うのが関の山ですよね。それを子どもの方から「勉強しないの？」と言ってくるようになるのですよ。

「刷り込み」と同じです。勉強というのは楽しいものだと刷り込んでしまっているわけです。だから，フィンガーペインティングでスター

トした子どもたちというのは，学習不振になりにくいわけです。

　そして，フィンガーペインティングは5分でやめて，「続きはまた明日」ということにする。というのは，この手の子どもたちには，自分で好きだとなると「わあっ」とやるんですけれども，それで間違えたことをやっていってしまって，後でまた叱られるということがよくあるんです。それを避けるために，

> 「熱中していてもやめられること」を育てる意味でも，あくまでも5分。

こんな訓練になっています。

　この毎日5分というのをやっていれば，入学式の日，疲れた体で帰ってきたところでも，「勉強しなさい」と言われて，「うん」と言ってやるわけです。そして，入学式の日「今日から1年生だから，15分やろうね」と言えば，ちゃんとやるのです。「僕，えらいよね」「そうだね。すごいね。えらいね」となる。

　ゴールデンウィークのときでも，「みんなで旅行に行きましょう」となったときに，「旅先で，ほんのちょっとの時間でいいからやろうね」ということで，勉強道具を詰めていく習慣がつくのです。

　毎日少しずつやるということは，ものすごく大切なことです。

　みなさん，計算してみるとよく分かると思います。1日5分ですよ。家庭で毎日勉強したとします。何か特別なことをやっているとします。計算してください。365×5。だいたいどれくらいになるかというと，1800ぐらいになるでしょう。40分で割ってごらんなさい。40ちょっとになるでしょう。1教科の授業って1年間でどれくらいあるのだっけ，

30何コマでしょう。せいぜい。

　1日5分ということは，週1回の補習と同じか，それ以上なのです。

　毎日5分。ましてや，毎日10分とか毎日15分とか，私から宿題を受けてやっている子どもたちは，週3回とか週4回の補習をやっているのと同じです。そういう計算になりますよね。

　そういうことをやらせた子どもと，やらせていない子どもと，差が出るのは当たり前でしょう。要するに，習慣化させるということは，ものすごく大切なことです。

　何しろ子どもが嫌がりません。当たり前だと思っているから。

　よく，一般的に，「学年×20分の自学の時間がいる」というふうに言われます。グレーゾーンの子たちの場合に，「その時間数は本当にそうだな」と私は思います。

　実を言うと，1年生だともうちょっとかかります。1年生はやっぱり30分かかってしまいます。しかし，それより上の学年になってくると，学年×20分の自学の時間ができたら，まあだいたい大丈夫，というふうに私は思っております。

3　遅れている子に対応する指導

大森－横山先生，ついでに「レディネス論」もお願いします。

横山－レディネスについては，教材が，指導要領があるから大丈夫ということになっているのは，確かに正常な子どもしかいないのであれば，その通りですね。問題ないはずです。

　ところが，現実には，そうではない子どもたちがいっぱい含まれているわけです。

　例えば，学習障害の子どもたちというのは，全般的な能力としては

通常と全く同じなわけですけれども，一部の能力に関しては，非常に遅れているわけでしょう。

　こんなふうに（下図を見せる），正常以下の能力しかない部分もあるわけです。「話す」能力がない（図の矢印）子どもに，平均水準でがんばれと言って，できるようになりますか？　絶対，できるようになるはずないでしょう。

```
学習障害（LD）

■ 全般的な知能は正常
■ 何らかの能力に
　著しい障害が存在
■ 対策は、得意なところを
　使って、苦手なところを
　補うこと
■ 得意なところを伸ばすと
　いうのは、悪い指導！

得意なところを使って、苦手なところを補う
LD：バランスがわるい
話す能力は年令の半分
```

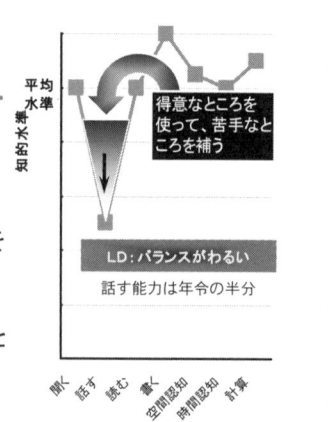

　LDのお子さんというのは，みなさんもご存じのように，文部科学省が定めたところによると，「通常の対応をしては，容易に2学年以上の学力の遅れが生じてしまう子どもたち」のことを言っています。

　この低いところ（図の矢印）を救ってあげるためには，当然それなりの低い部分を補うような手だてが，授業の中になければならないのです。

　難しく考えなくたって，もっと簡単ですよ。例えば，この子が風邪をひいて一週間休んだとします。出てきたとき，授業が分かりますか？　会場—分かりません。

横山－という場合に，分からなくならないように手だてがされていなかったら，教師として恥ずかしいでしょ？　そうですよね。
　じゃあ，どれくらい落として授業できるようになっていたらいいのですか？　どれぐらいでしょうか？

> 　教科書を普通にやっていれば，1年前のことが分からない子どもぐらいまでならできます。逆に言うと，1年前のことが分からない子どもに対して授業ができなければ，これは問題です。

　教職を辞めた方がいいかもしれません。
　「2年遅れてもできます」となると，スーパー教師ですね。3年遅れになると，これはもうさすがにできないです。なぜかというと，3年遅れになりますと，私自身，そんな授業なんて作れないですから。
　もちろん，特定の教材に関しては，5年，6年下がってでもできることはありますが，教科書のどこかをもってきて，「3年遅れた子どもに分かるようにしてくれ」っていうのはできないです。
　でも，2年遅れくらいならば，始めのところくらいなら，なんとか達することができます。と，するならば，みなさんは，例えば，2年生の教科書のあるところを教えるときに，それの関連教材の1年生のところの復習から始めなければなりません。
　そして，その復習のところは，当然普通の子どもたちにとっては既習事項ですから，あきないようにぽんぽんと進めなければいけないわけです。だから，フラッシュカードが有効な手だてとなるんです。できない子どもたちも，そこを手がかりに進むことができるので，よいのです。

そんなことを，ぜひとも考えていただきたいということを，私は説明しております。

4　読み聞かせと文字指導

大森－今，お話をいただいた事の中に，「3年遅れた子どもたちに対応できるような授業を作れますか」という，私共教師にとって大変きびしい投げかけがあったかと思います。

　つまり，1年生のときに，「心配ありません，いいお子さんですよ。もう少し様子を見たりしませんか」と先送りする。2年生になっても，「いやあ，友達とも仲がいいし，みんなともいい関係ですから，もう少し様子を見ましょう。」そして，4年生になったころには，「私としては，教えるすべがありません」などということを，教師が保護者に言うような事態が，かつてはたくさんあったわけですね。そしてその結果，手遅れになってしまったというような子どもたちを，たくさん生み出してきたわけです。ですから私共は，今のお話の中にも，横山先生の医療の側からの，我々教師に対するきびしい告発があるというふうに考えるべきじゃないかなと思うのであります。

　そこで，もう少し具体的に教科を限って，横山先生のお考えになっている指導の順序について，詳しくお話を伺いたいと思います。では，国語の方からお願いします。

横山－はい。国語の場合に，私がどんなふうに指導しているかということをお話いたします。先ほど，フィンガーペインティングの話がございましたね。フィンガーペインティングができるようになって，それで良い状況が作れたら，まず，ひらがなと片仮名の練習をさせるわけですが，その前からする指導があるのです。

> フィンガーペインティングの前に，絵本の読み聞かせをさせています。

　絵本の読み聞かせという手法は，一般的な親がぱっとやって，何歳くらいの子どもが受け取れるかと言うと，1歳6ヶ月です。1歳6ヶ月の子どもに対して，絵本の読み聞かせは，もうすでに有効な教育手法です。もちろん，絵本の質を選べば，もっと小さい子どもでも可能ですが，一般的に言われているような絵本でその内容を理解し，親子共々楽しめるというと，1歳6ヶ月程度です。このレベルでは，絵本というものは，音楽であり，国語であり，算数であり，いろんな教科の複合体みたいなものです。

　これをずっとやっていてもらうわけです。そうすると，子どもはだんだんと発達してきて，最初は絵本で親に相手をしてもらうのが嬉しいという時期に達します。「ああお母さん，ぼくの相手をしてくれてありがとう」，そういうレベルの時期です。

　それがだんだん，中身にひかれるという時期になります。中身にひかれるという時期がきたら，しめたものです。その次は，今度は自分一人でそれができるようにならないかということが始まります。そして，自分より小さい子どもに対して絵本を読んでみせてくれたりということが起こるんです。こうなるとしめたものなんですね。大体発達年齢で4歳くらいになってきますと，ウソ読みなんだけれど，お母さんに絵本を読んで聞かせるということが起こってきます。ウソ読みですよ。その時期のお母さんですから，ウソ読みであっても「わあ，あなた，絵本読んでくれてすごいね」って，ほめてほめてほめまくって

くれます。そうすると，お母さんが読んでくれた内容と，自分が読んでいる内容が違うことにだんだん気がついてくるんです。

> ここで初めて「字というものがあって，それを読めばいいんだ」ということが，やっと分かってくるのです。そこまできたら，字を教えるのです。読み方を教えるんです。

この辺になってくると，フィンガーペインティングをどんどん調子よくやれる時期がくるんです。逆に言うと，この時期には，すでにフィンガーペインティングが始まってないといけない。

絵本にものすごく興味をもってウソ読みなんて始めそうなころが，フィンガーペインティングを始める好機なんです。そして，フィンガーペインティングを半年から9ヶ月くらい行い，うまくいくようになったら，その時点で字を教えます。

> 字の教え方というのは，私の場合は決まっていて，大きなところに字を書いておいて，その上をなぞり書きさせます。

簡単に言うと，末永先生が作っている「ひつじゅんくん」を，親子共々一緒にやってもらうようなものです。そこの，指なぞりの部分で字は完璧に教え込んでしまいます。

実際に字を書くというのは，赤えんぴつのなぞり書きなのです。それも1回か2回。1回自分で書いてできたらほめておしまいで，1つの字を書くのは3回くらいでおしまいです。それ以上に確認することは，もちろん，空書きでやります。

そんなふうにして字を教えます。この字の教え方というのは、当然漢字の場合も同じですよね。ひらがな、片仮名の教え方と、漢字の教え方は同じです。皆さん勘違いしているかもしれないですが、実は、ひらがな、片仮名よりも、漢字の方が子どもたちには分かりやすいんです。なぜかというと、ひらがなは曲線でできていて、しかもぴちっと合わないと字にならないものがたくさんあるんですよね。漢字は、直線でできているものが多いので、実は漢字の方が書くのは簡単なんですね。そんなことをやっていると、フィンガーペインティングがうまくなっていって、そこで字を書かせることができます。そうするとですね、ひらがなと片仮名の50音は、たった1ヶ月か2ヶ月で完璧に覚えられます。1ヶ月強がいいところですね。50音、ひらがな片仮名合わせて。

> ひらがなと片仮名の50音を覚えてから、小学校に入っていただきます。

　通常学級でしっかりやっていけるという保証を持たせて、1年生に上がらせる。それで1年生に入った子どもに、1学期何をやらせるかというと、先ほど勉強の習慣化というお話をしたように、15分や20分でいいから、必ず勉強させるんです。
　ですけれど、1年生の1学期の勉強は、内容については頓着しません。なぜかというと、グレーゾーンの子どもたちっていうのはね、普通の子たちがこれくらいキャパシティがあるとしたら、これしかキャパシティがないんですよ。学校に慣れるだけで手いっぱいなの。だから、1年生の1学期の時期は、それ以上のことは要求しないんです。

だから国語に関して言うと，1年生の1学期の時期っていうのは，あいうえおの読み書きくらいしかしないでしょ？　この時期はそれ以上しないわけですよ。しかし，子どもの方はもうすでに自分のほうでできるようになっていますから，学校ではできる経験のみをすることになるんですね。それでよしとしていけばいいんです。

　では，その時期教えるのは何かといいますと，どちらかというと算数の方です。国語の方は，算数のヤマをのりきったら教え始めます。算数のヤマというのは，先ほども出てきたように，繰り上がりの足し算です。繰り上がりの足し算を乗り切ったら，いろんなことを教えます。もちろん，漢字の読み書きはさせるんですよ。漢字の読み書きに関しては，ひらがなの読み書きを通して親御さんがやり方を知っていますから，全然問題はないんです。

5　漢字の読み書きができない原因

横山－漢字が読める，書けるっていうのは，幼児教育なんかでやっているけれど，3歳くらいでできるでしょ？　それで分かるように，漢字の読み書きっていうのは，実は3歳くらいでできるんです。問題は，それができないとするならば，それはなぜか？　ということです。

　可能性としてありうるのは，1つは，漢字の読み，書きの能力は持っているんだけれど，微細運動障害があるので書くのが嫌になっている子どもです。そうしたら，フィンガーペインティングのような手法，あるいはフロスティッグの学習帳のような手法で指を動かす練習をし，空間認知をする力をつけながら勉強させるといいですね。

　そして，もう1つの可能性というのは，もう分かると思います。習慣づけができていないのでさぼっている子どもです。漢字が書けない

子どもの半分以上は，実際には練習していないだけです。そして，忘れてはならないのは，今日の話でいろいろ出てきたので分かると思うんですが，子どもたちにとって重荷となるような教え方をしている教師がいっぱいいるということですね。

先ほどみなさんに，グレーゾーンの子どもになりかわって，指が動かないような状況で字を書いてもらいましたが，「間違った漢字をノートに1ページ書いてきなさい」というような指導をしたら，その子どもは漢字を好きになりますか？

会場－きらいになります。

横山－誰が考えたってそうですよね。でも，みなさんご存じのように，そういう指導をしている教師は決して少なくはないんです。ここにいる先生はそうではないとは思いますが，このような問題があるわけです。

6 なぞり書きからの視写指導

横山－さて，国語の問題にもどります。

きちっと勉強している子どもには，私は1年生の半ばごろから視写の指導をするんです。

> 空間認知度の問題があるお子さんには，なぞり書きです。

なぞり書きっていうのはどうやってやらせるかというと，空間認知に問題があるのだから最初からぽんぽん書くことはできませんよね。そこで，国語の教科書を2倍くらいに拡大コピーして，それにトレーシングペーパーをかけてなぞらせるということをします。なぞる時間

は10分間です。10分間必死になぞって，あとでそのなぞったものを読んでもらうということをするんです。なぜ，なぞったものを読んでもらうという作業を入れるかというとですね，多分「10分間で必死になぞりなさい」なんて言うと，頑張った〇〇くんはどうなると思います？
会場－乱雑に，だだだだーっと書くと思います。
横山－そう。そうならないように，自分で読んでもらうというしばりを入れるんです。そうするときれいになります。少なくとも自分が読める字にはなります。

　大体ですね，以前ですと，視写が200字程度できる状況になると，日記指導に移れるんです。日記が日記らしく書けるようになります。日記指導をし，そして3行日記とか5行日記とか，しっかり書けるようになってくれば，そこで野口の作文ワークに移ることをやっていました。

　今は，大森先生と，みなさんが苦労して作ってくださった作文ワークがありますんで，現在試行錯誤して使っています。

> 基本的にはですね，視写がある程度習慣づいた時点で，大森作文ワークを入れるようにしています。

　なぜかっていうとですね，視写の作業は単調なので，やっぱり子どもは飽きちゃうんですね。
大森－今のお話を聞くと，私たちはグレーゾーンの子どもたちに対して早急に何をすべきかというヒントが得れらるような気がします。
横山－きちんと，視写と国語の教科書の視写という作業も必ずさせるようにします。まあ大体，作文ワークをやる日，それとあと視写をす

る日，どっちかをやるというようなルールにしておくとうまくいくことが多いですね。余裕が出てきて，視写なんてやらなくても中身が分かるという状況まで来たら，野口作文ワークにいきます。ただし，野口作文ワークは非常に難しいので，該当学年のものは，たいがいできないんです。たいがいの場合は，1年とか2年とか落としてやってもらうことになります。こんなふうにして私は国語を教えています。

大森－今の話はですね，私どもにとってはきわめて画期的な内容であります。

　先ほどカリキュラムの原則についてのお話をいただきましたけれども，そのことが具体的な国語科の授業を通して語られ，おそらく，日本の教育史上無かった内容であるというふうに思います。と言いますのは，この問題を敷衍していきますと，国語科の指導内容が変わる可能性さえも含んでいるんです。そういった意味で，横山先生には今後の提案を大いに期待したいですし，私どもも提案してくださった内容について，さらに敷衍化をしていきたいなと思っております。

7　お手伝いで算数指導

大森－そこで，いよいよですね。算数はどのようにして，どういう順序でやるのかということについてのお話をお聞きしたいと思います。

横山－ちょっとだけ宣伝させて下さい。これ実際に指導した実例です。これは実際にフィンガーペインティングができるようになった子どもが，うまく書けないという場合の事例ですね。これ，こうやって「あ」を書いていますね。かなりこれ，ずれているわけです。こんなとき私は，こうやってここに小さな○をつけています。「こことってもうまかった。」「ここもうまかった。」「ここは，だめだった。もう1回やろ

うね。」そうすると子どもは，必死でやるんですよ。そうすると，これは丸ですね。2回目。さすがにちょっと集中が切れてね。ちょっとできが悪いんですよ。でもここは，大きなはなまるなんですよ。ほめて次に進めるということにします。

　はなまるの字は何がものすごく良いか。なんとこれ，酒井式のかたつむりの線なんですよ。子どもは，「かたつむりの線で描きなさい」で分かるんです。こんな実例をお示ししました。

　算数の方にいきます。算数の方はですね，より原始的です。実を言うと算数の方は，3才ぐらいから教えています。3才の子どもにどうやって算数を教えていると思います？　想像つきますか？

　そう，お手伝いの中でね。「お皿を2枚持っておいで」ですよ。

　3才の子どもに数を教えますっていうと，そんなところですね。お手伝いの中で実際に使うかどうかというところで教えます。

　これぐらいのお手伝いは何才ぐらいでできるんでしたっけ，簡単なお手伝いは。「3つ」っていうのが分かるのが3才ですよね。簡単なお手伝いって何才でできるんでしたっけ。「ゴミ，捨ててきて」とか。

　今ぐらいのお手伝いは，そうです。「1歳3ヶ月」です。「1歳3ヶ月」というのは模範解答ですね。遠城寺式乳幼児分析的発達検査の発

達検査票を見ると,「簡単なお手伝いができる」というのがその項目にあります。3までの数が分かるというのが3才ですね。ですから,「3枚お皿を持っておいで」というのは, 3才の子どもならできるはずなんですね。

　だけど, 落ち着きが無くて「ワーッ」と騒いでいる子どもに, お皿を持って来させますか？　させないよね。ここに問題があるんです。無理だと思って親がさせないんですよ。本当はすでにできるのです。ここに問題があるんですから,「させなさい」なんです。

　そうするとですね, 子どもはお皿を運んで, パリンと割ったりするんですよ。それが大切なわけです。お皿っていうのは, 乱暴に扱えば割れるんだっていうことを教えないといけないんです。これは, 意識的に失敗させているんですから, 絶対叱っちゃだめですよ。絶対叱っちゃだめです。意識的に失敗させているのですから。ああ割れちゃったね, と。「今度は, 丁寧に扱ってね」って。それでいいわけです。たいがいね。子どもは「何やってんの」って怒られると思っているとき, そうじゃなくて「次から丁寧に扱おうね」って言われてニコッとされたんだから, 次のときは, 必死になって持つわけですよね。そうやって, ほめて育てないといけないんです。

　そういう中に算数の勉強を入れておくんですね。そうすると, フィンガーペインティングが終わるころにはもう, 確実に数の概念は頭に入ってます。

8　就学前の算数指導

横山－それで, フィンガーペインティングがうまくいったぐらいの時期になって字の書き方が終わったところで, 私は, とっても簡単な算

数の教え方をやって，算数の指導は終わりです。

　はい。いいですか。2＋2＝いくつ。こんな指導でおしまいです。算数の指導は，ここまでできていたらもう後は，「1年生に行きなさい」です。

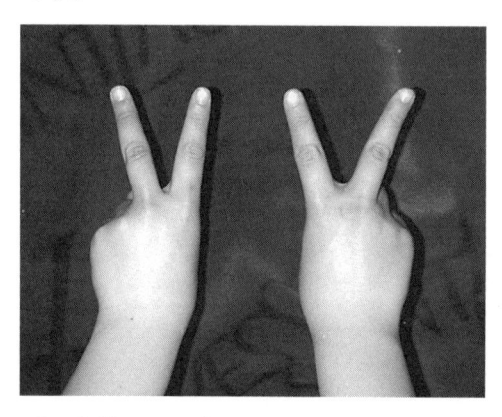

　指を使って，5＋5までですね。1日1個か2個ずつやりなさい。そうすると指がなかなか動かないから，最初は，3ができなかったりするんですけれども，でも毎日だんだんやっていくと，ちゃんと3がすぐにパッと出て，こうやってできるようになるんですね。1，2，3とかって数えられるようになるんです。そこまで，まず1年生に入る前にやっておくんです。そうすると5＋5まではできるようになって，小学校に入れます。

　ここまでできて入ってくると，どうですか。1年生の子どもとして，鈴木先生どうでしょうか。そこまでできるようになって入ってくるというのは。

鈴木－担任としては，やりやすいと思います。

横山－そこまでできていると，どれぐらいまでもちますか？

鈴木－1学期ですか。

横山－そうです。1学期までもつわけです。1学期までもつわけですから，私の目標は達成しているわけですね。

9 百玉そろばんと繰り上がりの足し算

横山－さて，夏休みが来ます。夏休みこそ，この子たちに算数のスパートをかける時期です。何をするか。それは，繰り上がりの足し算です。

　そして，向山型の指導はですね，ここのところで私に大きな変化を与えてくれました。それは何かって言うと，百玉そろばんです。以前の私は，夏休みまでの間は，もうこれで足りますから，これ以上何も教えなかったんです。

> 　けれども今は，1年生の1学期の時期には，百玉そろばんに慣れてもらうことをしています。

　そして，百玉そろばんで何をやってもらうかっていうと，「百玉そろばんスキル」というのがあるんですよね。（東京教育技術研究所 http://www.toss.gr.jpより入手可能。）
　藤田さん，作ったときの悲劇を，2分ほどでお願いします。
藤田－最初にドクターの所に持って行ったら，ひと目，1枚目を見て，「あ，だめだねこれは。残念だったねえ」と，ニコニコと突き返されました。3人で中身を作っていたんですけれども，その3人の書き方にも非常に温度差があって，この先生はいらない言葉ばっかり，この先生のは図が難しすぎる。せめてこのぐらいだっていうくらいに分量も減らし，いろいろ減らし，指示も減らし，っていうことを繰り返して，2回目に持って行きました。

　2回目持って行ったら，一応見て下さるんですけれども，7割，8割，9割？　ドクターの手が入って真っ赤っかになりました。全部指

導されて、全ページが真っ赤っかになったんです。それから、もう1回戻して、T市にいるのは私だけで、後はH県とK県の3人で作っていたので、メールで全部検討して、作ってだめ、作ってだめというのをあと2回ぐらいやって、最後の1回で、「ああ、これなら僕の外来の人にも使わせてあげられるよ。がんばったね。」ニコッと笑って、オッケーをいただきました。
横山－どうもありがとうございました。
　というようなことをやって、今は、1学期に計算スキルをさせています。
　夏休みに何をするかですね。

> 　夏休みは、繰り上がりの足し算の猛特訓です。

　私の外来の子どもたちは、夏休みになるとですね、「1日2時間勉強しなさい」と言われるんですね。2時間ですよ。朝、2時間勉強しなさい。親と一緒に。なんのためにそんなことをしているかっていうと、夏休みっていうのは、1年生になったら勉強するもんだっていうことを刷り込むんですよ。刷り込むんです。
　だから1日2時間勉強です。その時期は親もまだ、うちの子どもは学校について行けるかどうかっていう不安を持っていますから、必死にやるんですね。そのうちにもう必死に刷り込んでおきます。何を刷り込まれるかというと、繰り上がりの足し算の刷り込みです。もうその子どもは、指を使って10までの計算は十分できるようになっています。学校でいろいろやってますので、7＋2とか7＋3も指を使ってできるようになっているんですね。

例えば、7＋3をどうやるかっていうと、「7＋1, 2, 3で、10」っていうふうになっているわけです。

その状況で繰り上がりの計算をさせます。9＋4の計算でしたら、まず、9に4を足そうとしてもらうわけですね。そうすると、9に4を持って行くと皆さんどうなります？　やってみて下さい。

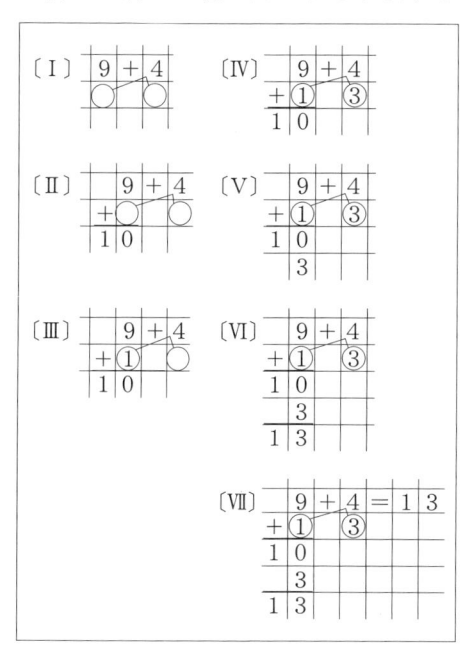

まず、9に4。1であふれるでしょう。「あふれたらサクランボを書きなさい」（〔Ⅰ〕）ってやるんですね。子どもは、あふれるとまずサクランボを書いてくれるわけです。

それができたら、「10にしなさい」ってやるんです。（〔Ⅱ〕）10にしなさい。

どこに書かせるかっていうと、まずこの線を書いて、ここに10って書かせちゃうんですね。サクランボが書いてあって、ここに10と書いてあって、さあ、9に後いくつで10になりますか。指でやってごらんなさい、と言います。そうすると9に1ですね。1を下に書きます（〔Ⅲ〕）。

今度は4を分けます。4は、1といくつ？　そうですね（〔Ⅳ〕）。4は、1と3なので、3と書きますね。

次に、3を今度は、下に移しなさい（〔Ⅴ〕）。下ろしなさい（〔Ⅵ〕）で13と答えが出ます。そして、ここ（式の右）にはちゃんと13と

書く（〔Ⅶ〕）。

　こんな格好の練習を1日3題から4題させます。夏休みの頭からスタートです。

　ところで繰り上がりの計算って学校でどれぐらいの時期にやるんでしたっけ？　えっ？　2学期の終わり。そうでしょ。11月とか，そのころですよね。なんとうちの外来の子たちは，夏休みからスタートですよ。やれるかやれないか。

　全員できますよ。

> 　私が自信を持って普通学級へ行きなさいって言って，今までの指導に耐えてきた子どもたちは，全員繰り上がりの足し算ができるようになります。

　もちろん最初からできるわけではないですよ。最初はですね，例えば，こんな状況で来たりもするんです。

　どこが間違っていますか？　そう10。10がひとマスに書かれていますから桁の概念を間違うかもしれない。これは，直させるわけですね。一見良さそうだけれども，だめって消しちゃうわけです。こういうのは。

　なんでそれほどまでにして桁の概念を大事にするかっていうと，できない子たちはですね，私これ，できない子から初めて聞いてびっく

りしたんですけれど，こういうふうに１マスに書くでしょ。10とか，13とかって。この13っていう数字を，辺が１で造りが３の字があると思ってたって言うんだよね。数字が１増えると大変なんだって。１つ数が増えるたびに，字がどんどん増えていく。できる子は，絶対そんなこと考えたりしないよねえ。できない子が二重三重に，そういう難しいことを考えるわけだ。これでは，どんどんできなくなっていくに決まってますよ。そうならないように必ず桁を分けて書かせます。

　この指導はですね，だいたい３ヶ月から４ヶ月します。３ヶ月から４ヶ月ぐらいするとですね，だんだん指を使わないでやるようになってくるんです。指を使わないでも分かるようになってくるんですよ。こうなったらしめたもんです。

　そして，もう流れ作業のごとくサッサッサッサッと書くようになるんですね。で，ここまでできたらもうＯＫです。ほんとに，時間がかからないわけです。

　７＋７って書いてあると，すぐサクランボを書いて，１０を書いて３を書いて４を書いて，それで下に４を書いて１４と書いて答え１４と書くようになるのです。ここまできたら，もうラッキーですね。

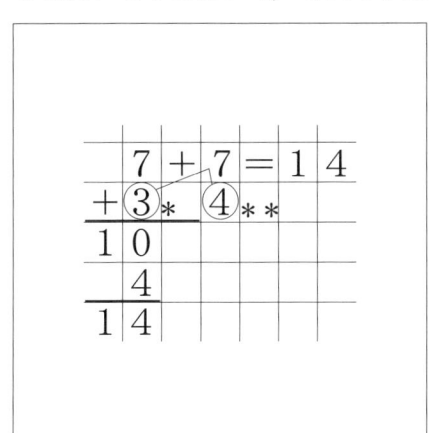

　これぐらいまでいったら，先ほどからちょっと出てきた百玉そろばんがやっと使えます。以前はここの丸付けをお母さんにさせていましたが，百玉そろばんを指導に入れてから，その丸

付けを自分でやるということができるようになります。そして、百玉そろばんで数をまとめて動かすという指導法のものまで行きますと、図の３（＊）やこの４（＊＊）に相当する部分が、百玉そろばんに出てきます。そこですべての確認の作業を教え込めば、計算練習は自分で答えが分かるようになります。

① 7＋7（1列目：7）＋（2列目：7）

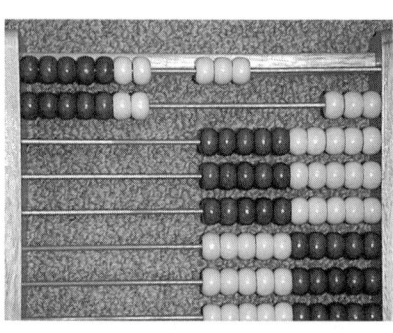

② 7にいくつを足すと10になるか

③ 共通しているのは3（文中の＊）と2列目の残りの4（文中の＊＊）

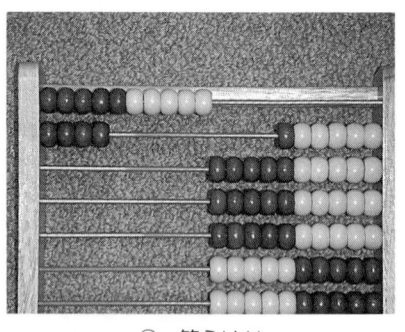

④ 答えは14

10 繰り下がりのひき算指導

横山－それが大丈夫になりましたら、今度はひき算です。繰り下がりのひき算です。

算数に興味がある方はご存知だと思いますが，私は繰り下がりのひき算は，減減法でのみ行います。減加法を使いません。なぜかというと，減加法と減減法には利点欠点があります。減減法と減加法はどっちがやさしいかというと，減加法のほうがやさしいです。なぜなら減加法は，数え引きでできるんです。10から6を引く，1，2，3，4，5，6で答えは4，これができるんです。ところが減減法の場合はそんなことは考慮されていないわけですよね。数をかたまりとして操作できることが前提になっていなければ，減減法は意味を理解できません。

ですから，私は減減法で繰り下がりのひき算ができることをダメ押しに使っています。ダメ押し。数のかたまりの操作ができるということのダメ押しに使っているのです。

(註・12月31日であることに留意)

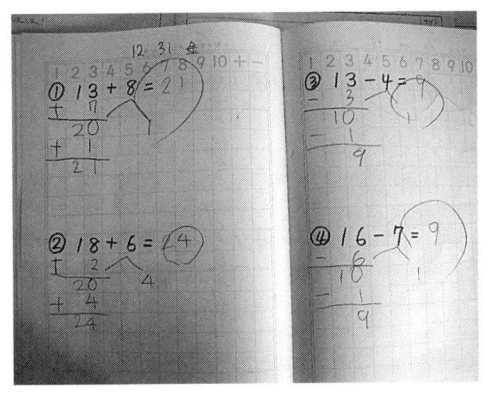

こういうことをやった結果，私は，ある，とってもとっても楽なことをさせていただいています。

みなさんの中に2年生を教えたことのある人，手を挙げてください。はい，2年生ですね。いいですか，そのまま手を挙げていてください。時計の長い針の読み方で，苦労したことがない人は手を下げてください。ほら，全員手を挙げているでしょ。どうもありがとうご

ざいます。

　私は，ここ6年ほど時計の針の読み方で苦労をしたことは1回もありません。1回もないんです。ほんとに1回もないんです。なぜか分かるでしょ。数のかたまりの操作っていうのを教えてあるから，この時計を見せるときに，もう自分で勝手にやっちゃうんですよ，子どものほうが勝手にね。で，ときどき「分かんない」って言ってくる子がいるんです。そういうとき，私のこの時計を見せて，大きく1，2，3，4って12まで書いてありますよね，そこのところを5とびで「5，10，15，20」って読んで，長針のところまでたどり着いて，「20，21，22って読むんだよ」と一言教えると，「あ！　そういうふうに読むの！」と言って，1回で覚えます，1回で。逆に言うと，こんなに簡単に覚えられる子が，授業で分からないということは，どれだけ下手な教え方をしているのかな，と私は思いますけれど。

11　かけ算の指導

横山－さて，算数の指導のほうはここから先があります。繰り下がりのひき算もできるようになったら，その後は，かけ算の指導にいくのですが，かけ算の指導のところは，3とびとか6とびとか，5とびとかの穴埋め問題をさせます。どんなのかっていうと，

> 「3－6－□－12－15」というふうに書いてあって，箱の中に穴埋めをさせるというやつです。

　これを2題から3題。これとあと繰り上がりの足し算と，繰り下がりのひき算を1題ずつさせます。

これを２ヶ月ぐらいやっていると，大体２年生の頭（最初）ぐらいになります。もうこの時点で，子どもはかけ算が分かるようになるんですよね。で，完全に暗記しちゃう子もいるんですけど，暗記しちゃうと訓練になりませんので，私はちょっといじわるな問題を出させたりもします。例えば，「２－７－□－17－22」なんていうのを練習させます。

　何だか分かりました？　「２－７－□－17－22」，何が入ります？
参加者－12。
横山－そう，12ね。５とびなんですけど，５の段からはちょっとずれているわけです，こんな練習をさせておきます。ここまでいっていると，九九はもう簡単にできるっていうのも分かるでしょ。

　わり算も同じようにして，今度はノートスキルで教えます。その辺は，算数ワークのほうに出てくると思います。

> 　このようにして，数のまとまりの操作ということに重点をおいて教えておくと，だいたい４年生ぐらいまでは放っておいても覚えます。

　分数とか小数の指導というのも，ノートスキルだけでもう十分になってしまいます。勝手に覚えますね。ほんとに勝手に。だから私，小数とか分数の指導ってあんまりしたことがないんですよ。なぜしたことがないかというと，しなくても子どもが分かるからです。

　まさに，子どもが勝手に問題解決しているんですね。そんな指導を私はしています。

12 文章題の指導

大森－みなさん，手も休む暇なく動いて，少し疲れたんじゃないかというようなくらいに集中してお話をお聞きになったように思います。

　横山先生，数の計算の体系みたいなものを中心にお話いただいているんですよね。やっぱり文章題についてもお願いします。

横山－すみません。抜けてしまいました。かけ算指導，かけ算の九九が終わったぐらいのところでですね，お母さんに頼んで，子どもたちにちょっといじわるな文章題を作ってもらいます。どんな文章題かというとですね，

> 「お母さんは紙を7枚持っています。あなたが5枚持っています。全部で何枚ですか」という文章題と，それと，「紙を1人7枚ずつ配ります。5人分だと全部で何枚ですか」という問題を，見開きの中に書いてもらいます。

そうすると1つは「7＋5」ですよね。もう1つは「7×5」なんですよ。それを，同時の時間にやってもらうといういじわるなことを必ずやります。最初はよく間違いますが，これも2，3ヶ月やっていると必ず，確実に「7＋5」と「7－5」と「7×5」と「7÷5」をきちんと分けて立式することができるようになります。それはかけ算が終わったあたりでさせます。ものすごく余裕がある子ですと，足し算とひき算というのもやれるんですけれども，たいがい余裕がないので，それはさせられないんですね。

大森－先生に，もう1つ，文章題に関わってお伺いしたいことがある

んですよ。文章題で，例えば，今先生のお話しになった最初の部分で言うと，「お母さんが紙を7枚持っていて，自分は5枚持っています。合わせていくつですか」という問題ですね。7＋5。このような問題を，単独で最初に教えるときには，どのような手法をとるのか。そちらの問題が残っているんですが。

横山－その問題をやらせようと思ったら，私は文章題を解かせることはしません，残念ながら。なぜかというと，その問題を単独で教えるときにはね，2つの難しさがあるんですよ。まず，文章題から立式するという難しさがありますね。あともう1つは，「7＋5」ですから，繰り上がりの計算ができなくてはいけないという2つの難しさがあるわけじゃないですか。そんな2つの難しさを一緒に与えるなんてことは私は絶対しません。ばからしいです。そんなことやってできるようになるはずないでしょ。

例えば，みなさんもね，今日の話，難しいですよね。多分，結構難しいと思うんですけど，この講演を英語でやられた日にはどうなります？（会場笑い）何も分からないですよね。だから，

> 難しいことを何か与えるときには，難しいことは1つにしぼってあげないとだめなんですよ。

そうすると，今の文章題で「7＋5」というようなものを教えるでしょ。それが分からないような子どもに，7枚プラス5枚なんてそんな難しい文章題を出さないですよ。その問題を取り上げること自体が，そもそも筋が悪いというふうに言わざるを得ないですね。もし文章題で取り上げるんだったら，「私が1枚持っています。あなたは2枚持っ

ています。合わせて何枚ですか？」こっちですよね。これを扱うんだったら分かりますよ。で，それとは別に，この繰り上がりの足し算もやっておく，と。双方できるようになって，それから「7枚＋5枚」を扱うのが筋というものではないですか？　難しいことは必ず1つだけ。

大森－そこがいいんだよね。今のはね，とっても大事なんですよ。授業のきわめて大事な原則をおっしゃったんですよね。大変に貴重なお話をいただきました。

　この文章題の問題というのは避けて通れないもので，みなさんここで数の体系のほうは何とかうまくいったとしても，文章題になると何をどういうふうに指導していいか分からないという先生方はたくさんいらっしゃるんですね。ですから，今のようなことをふまえて文章題指導をしているのかという問題は，やっぱり考えてみる価値は大いにあるんじゃないかなと思います。

V 必達目標は科学的な根拠を持っているか

　学力保証が言われるようになってから登場したのが,「必達目標」である。
　医学の徒である横山氏が常に要求することがある。

> 科学の目

　横山氏は,「必達目標」と言われているものが, 科学的な根拠を持っているのかと言う。実は, 氏が「科学の目」で検証したのは,「必達目標」が初めてではない。「百マス計算」も検証して, 学会で発表されている。
　本章では, 横山氏によって,「必達目標」の科学的な根拠が検証される。この過程で読者は, 検証の方法を学ぶことができる。
　横山氏の科学の目に基づいた「代案」も示される。教師にも「科学の目」が求められるようになっていることを知ることになる。　　　　　　　　（大森　修）

1 必達目標の設定

大森－ところで，教育界では学力低下が問題になっています。学力低下が問題になったときに，学習指導要領に書いてある指導内容は最低基準だというようなことが言われているんですよね。その最低基準である指導内容が子どもに確かに習得されているのかどうか，身に付いたかどうかということを確認する基準が必要なんじゃないかということで，評価基準の問題が出てきますね。

評価基準の問題の中の1つに，必達目標というのがあります。必ず全員の子どもにここまではできるようにしますよ，というものですね。このような必達目標は，数値で示されているのがほとんどです。そうじゃないと基準があいまいになって判定ができないからです。

では，必達目標の数値というのは，どのような根拠に基づいて決められているのだろうか。あるいは，どのようにしてその数値目標を決めるべきなのだろうかという問題もあるわけです。科学者でもある横山先生は，このような必達の意味をどのようにお考えになっていらっしゃるでしょうか。

横山－今，ずーっとお話が来ているように，学習上の問題があるようなお子さんたちっていうのは，最低限のことをやるのに手一杯なんです。だから，

> 必達目標というのは，本当にこれより低いとやばいぞっていうレベルでないと困るんですよ。

例えば，必達目標を非常に低く設定されると，それはできているけ

ど後で困るということになりますよね．高く評価されていると，今度はほかの事をやる時間がなくなってしまうのです．そうすると，本当に最低限のことはどれだけなの？　という，そこに気がつかないといけないのです．やらせすぎは，ほかの能力を育てる足かせになっちゃうんですね．

　では，本当はどういうふうにしないといけないかというとですね，本当は，成人に至るまでの追跡調査がいるわけですよ．小学校3年生のときにこれぐらいできていた子どもは，将来どうなりましたと，追跡調査をしなかったら分からないでしょう．例えば大人になって就職できた者，できなかった者の差を調べる，と．こういう調査をしなかったら本当は必達目標なんて分からないじゃないですか．じゃあ，「そんな調査はすぐできるんですか」と言われると，これはできませんよね．すぐにはできないわけです．せめて，その情況を，統計学の力を使って裏付けてみようじゃないかということです．実を言うと，医学の方ではですね，もう，追跡調査したようなものは実際に報告が出るようになってきています．

　この報告では，病気を理由にして得をした経験がある人は，得になった経験がない人に比べると，10倍，心身症になりやすいというデータを出しています．アメリカ心身医学界が出しているんです．30年の追跡調査ですよ．30年．

　とてもじゃないけれど，我々にはできませんね．

　統計学では何が分かるかというと，「確からしさ」です．これ，大学で勉強しているはずですよ．高校でもやっているはずです．差があるかどうかということは，1つ取ってみても，見かけだけでは分からないのです．

次の成績に差があるか？

- Aクラス：
  - 12人 85点
  - 12人 90点
  - 12人 80点
- 平均 85点

- Bクラス：
  - 12人 80点
  - 12人 85点
  - 12人 75点
- 平均 80点

平均値の差は、5点だが‥‥

　Aクラスは36人のクラスで，12人が85点，12人が90点，12人が80点，平均85点。Bクラスは，12人が80点，12人が85点，12人が75点です。

　平均点の差はたった5点です。

　差があるんですか，ないんですか。はい，差があると思う人，手を挙げて下さい（およそ半数）。ないと思う人（およそ半数）。

　ね，割れますよね。わけが分からないですよね。これは，統計学の力を使うと，差があるということがはっきりと分かるのです。エクセルで簡単にできます。ここのところの数値が，0.05より小さければ，有意差があるのです。差があるのです。ここは，1のeの006と書いてありますから，0.000001。0.05よりはるかに小さいわけです。

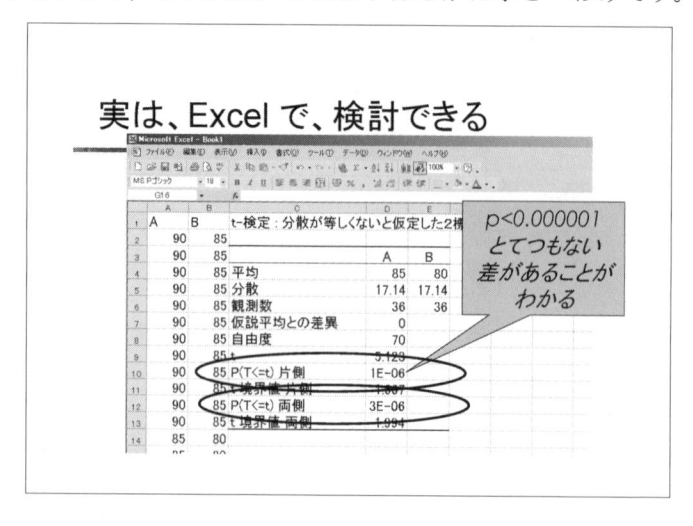

実は、Excel で、検討できる

$p<0.000001$ とてつもない差があることがわかる

V 必達目標は科学的な根拠を持っているか

だから，ちゃんと有意差があるということが分かります。とんでもない差がある。

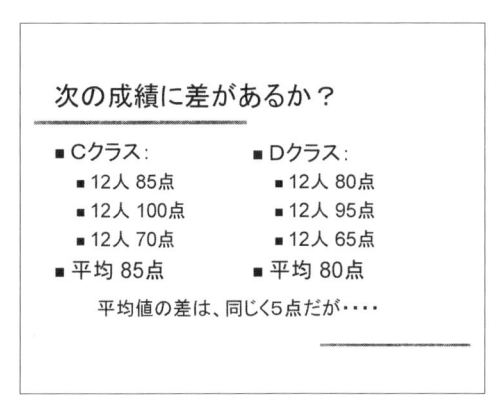

```
次の成績に差があるか？

■Cクラス：        ■Dクラス：
 ■12人 85点       ■12人 80点
 ■12人 100点      ■12人 95点
 ■12人 70点       ■12人 65点
■平均 85点        ■平均 80点

  平均値の差は、同じく5点だが‥‥
```

はい，似たり寄ったりです。こっちは85点で，80点ですね。平均点の差は，たった5点です。こっちは85点と100点と70点。こっちは85点，95点，65点で，さっきと同じで平均点は5点の差です。

ところがこっちは，0.046と0.092で，0.092がありますから，有意差がありません。

つまり，下が0.05より大きいので，差はないということを統計学は言うわけです。

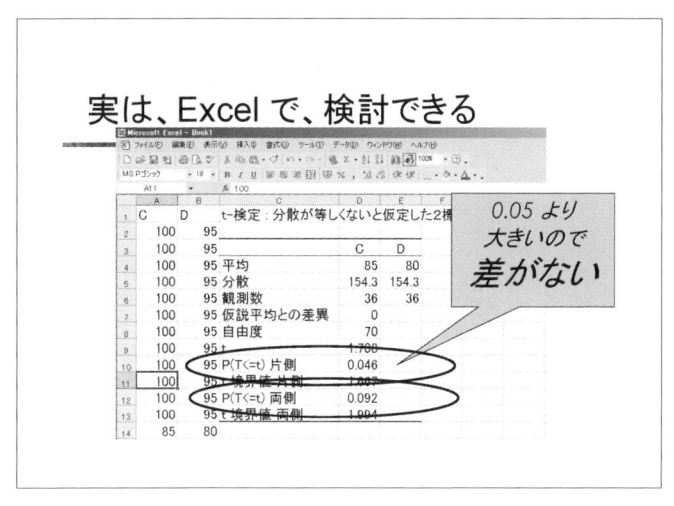

```
実は、Excelで、検討できる
                                    0.05より
                                    大きいので
                                    差がない
         95 平均        85   80
         95 分散       154.3 154.3
         95 観測数      36    36
         95 仮説平均との差異  0
         95 自由度      70
         95 t          1.708
         95 P(T<=t) 片側  0.046
         95 t 境界値 片側  1.667
         95 P(T<=t) 両側  0.092
         95 t 境界値 両側  1.994
```

こういう事までできるようにならないと，必達目標など立てられ

わけがないのです。

　統計学的な手法をもとにして，近似するということを考えるのです。自然現象はどんなふうに分布するかということを考えると，どこまでが異常で，どこまでが正常かということが分かります。

　みなさん，ＧＯＴって，知っていますか。γ－ＧＴＰって知ってます？　若い人は知らないかもしれない（笑）。

　大森先生，ご存じですよね。血糖値とか。ご存じですよね。

　そういうものの正常値というのは，この統計学を使って作られています。たいがいの自然現象は正規分布しますので，それを使います。

　こんなふうに，どれも正規分布なんですね。どこまでが正常かというと，平均と標準偏差を使って，「平均±2×標準偏差」を正常と見なします。

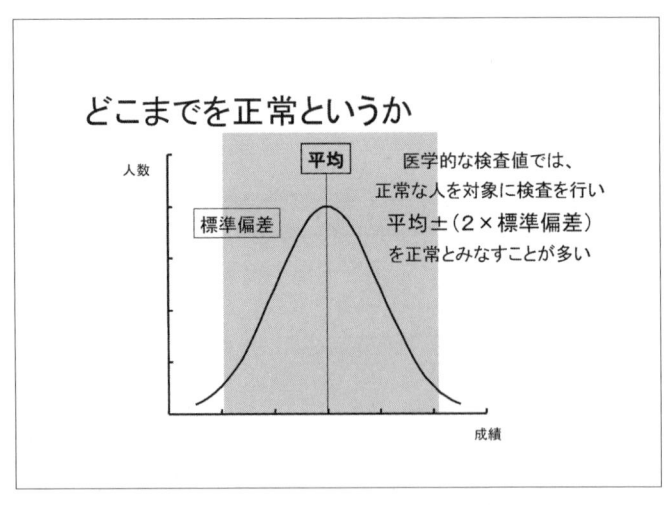

どこまでを正常というか

人数

標準偏差　　平均

医学的な検査値では、
正常な人を対象に検査を行い
平均±（2×標準偏差）
を正常とみなすことが多い

成績

　例えば，肝炎の人なんかを探すと，こんなふうに分布するのです。すると，ここまでは正常だけど，こっちはやばいぞと，決めることができます。

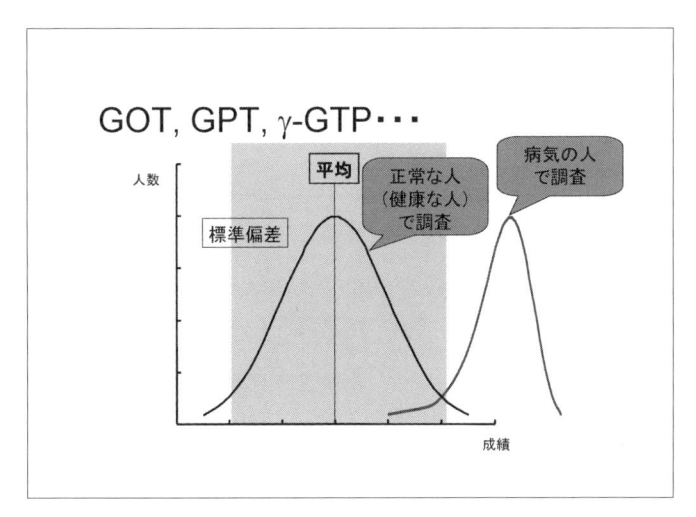

[図: 正規分布曲線。「GOT, GPT, γ-GTP…」「人数」「標準偏差」「平均」「正常な人（健康な人）で調査」「病気の人で調査」「成績」のラベル付き]

　これを，視写であるとか，音読であるとか，そういうものの必達目標に当てはめればいいということになりますね。こんなことを，私は考えています。

大森 ─ これはですね，私どもに対する1つの警鐘でもあります。

　例えば，クラスの平均点が同じ90点であっても，1組が90点，2組も90点。だからどちらも目標を達したのかといったときに，今の事は極めて重要なポイントになりますね。

　ですから私どもは，横山先生がよく，科学の目で，ということをおっしゃいますけれども，そういった科学の目というものをもっと活用できるような状態にしなければならない。

　というのは，コンピュータが私たちにとって，ここまで身近になったからですね。

　コンピュータを活用して，数値目標というものを検討していかなくてはならないのではないかなと思うわけであります。

　先生，先生の手法でいけば，具体的な提案というものはどのような

ことになりますか。

2 統計学の手法で評価基準を作る

横山－すでに，ＴＯＳＳ／Ｈｕｍａｎのメンバーにご協力いただきまして，具体的な数字を出しています。いつ刊行されるのか，よく分からないんですけど，『評価基準を取り入れた補助簿の活用』という本ですね。

　ＴＯＳＳ／Ｈｕｍａｎの面々が書きました。この本の中に，実際に統計学的な手法でどう評価基準を作るか，今回の試みについて考え調査しました。かなり苦労しましたけれども，残念ながら，暫定的な基準しか作れませんでした。

　しかし，暫定基準案を示すことはできました。

　具体的な暫定基準案は，今ここに示している通りです。

視写の必達目標

	平均	標準偏差	必達目標
1年生	112.5	62.5	50
2年生	150	65	85
3年生	180	67.5	112.5
4年生	220	70	150
5年生	250	72.5	177.5
6年生	287.5	75	212.5

　視写の場合は，必達目標が１年生では50。10分間でですね。　２

年生で85，3年生で112，4年生で150，5年生で177，6年生で212。これが必達目標です。

逆に言うと，これより低かったら，もうこの子はやばいと。大人になったときに厳しいですよということが確実に言えます。

　実際，どれくらいの子どもが引っかかるかというとですね，だいたい12％ぐらいの子どもが引っかかります。12％。

みなさんの印象，この子はちょっとまずいかもしれないという印象とだいたい近いようです。

作文もできています。これは桃太郎の最初の書き出しを与えて，その後自由に作文を書かせて，どれだけ書けるかということですね。

作文の必達目標

	平均	標準偏差	必達目標
1年生	300	150	150
2年生	375	162.5	212.5
3年生	450	175	275
4年生	525	187.5	337.5
5年生	600	200	400
6年生	650	212.5	437.5

必達目標は1年生で150，2年生で212と，このように具体的にできます。具体的なやり方も，先の本の中に示されています。

音読（初読）の必達目標

	平均	標準偏差	必達目標
1年生	255	105	150
2年生	275	100	175
3年生	290	95	195
4年生	315	90	225
5年生	330	85	245
6年生	350	80	270

> 　音読。これは初読の方です。1年生の必達目標は150です。2年生は175。これ，1分間あたりです。3年生が195，4年生が225，5年生が245，6年生が270。

　思ったより低い数字が出てきました。しかし，この状況であっても，12％ぐらいの子どもが引っかかります。

大森－今，暫定的なと言いましたけれども，このような試案が出ているということは，私たちは知っておくべきではないでしょうか。そして，これらの必達目標を1つの目安として，もう一度自分たちの学級の子どもたちを見る手がかりにしていけたら，少し授業に対する工夫の仕方も変わってくるかなという気がいたします。

　なお，このことについては，『評価基準を取り入れた補助簿の活用』の著書にも収録されていますので，詳細はそちらをお読みいただきたいと思います。

VI 特別支援教育が授業力アップを後押ししているか

「授業力」が問われている。

東京都教育委員会が発表した授業力アップ戦略は，行政が作成したものとしては，ダントツに良い。ここまでして授業力アップをしようとしているのかと思わされる内容である。

特別支援教育では次の言葉が使われる。

> 対応力

対応力という言葉が，個別対応というように使われることが多いからである。支援を必要としている子どもへの対応というわけである。

授業力にしろ対応力にしろ，教師の技量を問題にすると，さまざまな問題や課題が話題になる。さまざまな話題は医師から見るとどのように見えるのか。横山氏の「言い分」に興味が尽きない。

（大森　修）

1　特別支援教育の観点から見る授業力

大森－ところで，特別支援教育が始まったことにより，「授業力」ということが改めて問われているような気がいたします。

東京都の教育委員会は，授業力の定義を次のようにしているのですね。「教員の資質，能力のうち，特に実際の授業の場面において，具体的に発揮されるものを授業力ととらえ」，その構成要素を6つに整理した。

1つ目です。使命感，熱意，感性。

2つ目がですね，児童・生徒理解。

3つ目が，統率力。

4つ目が，指導技術（授業展開）。

その次が，教材解釈，教材開発。

最後ですが，「指導と評価の計画」の作成，改善。

横山先生，特別支援教育という観点から見た場合ですね，この東京都教育委員会の授業力の定義をどのように見られますか。感想，いかがですか。

横山－「うーん」と思う部分はありますね。と言うのは，使命感，熱意，感性というのは，これはあって当たり前ですから。

統率力であるとか，児童・生徒理解というのは分かる感じがします。しかし，私は，児童の教師理解の方がもっと大切だと思っていますので。児童・生徒がみなさんをどう思っているかですよ。その方がより大切だと思っています。

その次に，ちょっとピンと来ないのは，指導技術というのと教材解釈，教材開発というのは，実は同じもののような気がしますね。別々

ではないような気がします。

> 　最後のところに，指導と評価の計画の作成，改善とありますね。ここのところが，実は私にとっては非常に大事なところだと思っています。

　というのはですね，私どものところで，みなさんに，「あなたのところの誰それさんはどうなっていますか」と聞くとですね，いろいろなことを書いてくれるのです。「以前に比べてこうでした」と書いてくれるのですけど，客観性がないものが非常に多い。読みようによっては何とでも取れるようなね。そういうものが多いのです。
　例えば視写だったら，「以前は80字しかできなかったのが，投薬後は130字できるようになりました。」これは，非常に明確なわけですよ。
　でも，「投薬してから，トラブルが少ないです。」これでは全然何がトラブルなのか分からない。もしかしたら，その子どもが薬によって，ずる賢くなってですね，教師の目が届かないところで，とってもいっぱいいたずらをしているのかもしれないのですよ。

> 　客観性のないものは，あまりよくないですね。

　そういうところをもうちょっと何とかしてほしいなと思うのが1点。あと，こういうのはわざわざ東京都が作らなくても，すでにたくさんの教育学者たちがいろいろなことを言っていますから，それを引用したらどうかと思いますけどね。
大森－東京都教育委員会も，本書を読みますよ，たぶん。

今，言ったこととちょっと関係するのですけれど，私がこれを読んだときに，指導力と教育力という言葉があるでしょ。それらと授業力を分離したというところを評価しているのです。

今までは，指導力ということで教師の力が言われてきたでしょ。それを授業に特化して，このようなものを授業力と言うよ，ということを決めたということですね。

しかしながら，横山先生もおっしゃったように，この言葉でいいのかというと，かなり疑問がありますね。

2　教師に身に付けてもらいたい指導技術

大森－横山先生，具体的に，先ほどの授業力の構成要素の中で，特別支援教育で，ぜひ教師に身に付けてもらいたい指導技術ですね，授業力と言っていいのですが，その授業力の中で，先生がよくおっしゃいます個別対応の技術があるでしょ。それから，いくつかの大学で物議をかもし出していますが，「無視をする」という言い方がありますよね。「無視」ですよ。

このような技術は，今までの授業の中ではほとんど語られてこなかったのですね。個別対応という言い方はありますよ。でも，今はその子の相手をしない。今は相手をする時間ではない。というような言い方は，ほとんど見られなかったのです。

横山－へぇ。

大森－「へえっ」て言ってますが，そうなのです。特別支援教育を模擬授業でやることによって見えてきた，授業力と言われるものがいくつかあるように思えます。先生がこの技術は特に大事なんだと思われる特別支援教育の授業をするときの技術のいくつかについて，お話し

ていただけますか。
横山－難しい課題ではあるんですが，先ほどの言葉を借りるのであるならば，統率力でしょうね。

> クラスの統率力ということですよ。要するに，よく私が言っている学級運営ですよ。

　これが一番だと思いますね。ただし，いいですか。学級運営だけではどうにもならないということも事実です。それはなぜかというと，学級運営をきちんとやっていれば，勉強する環境が整いますよね。それはいいことです。
　ところが，「クラスの統率力」だけでは，その子どもたちは先に行けないわけです。そこにプラスして教育技術がないと。ここで言う教育技術は，言ってみれば「低学年であれば，全体に対して使うことが有効である，使わねばならない。しかし高学年になれば，それは当たり前だからやらなくていい」ということを，個別対応のときにちゃんとやらなくてはいけない。こんなことが起こってくるんだと思うんですね。
　そのような教育技術の開発と，それを明文化しておくこと。それが大切だと私は思うんです。なぜ明文化しておかなければならないか。それは，他の人が追試できないからです。追試できないとただの名人芸で終わってしまいます。これはもう意味がないと私は思うんです。名人芸は，もちろんあった方がいいのですが，それが他の人たちにも伝わる形になってほしいとよく思います。
　残念なことに，これは私自身もそうなんですが，自分がやっている

ことは分からないんです。今日，私はみなさんの前でお話しているわけですけれども，私がお話している内容が，どれくらいみなさんにとって価値があることなのか，私自身はよく分からないです。

　実際，今，私は，明治図書の樋口編集長のおかげでいっぱい本を書かせていただいたり，出版させていただいたりしているわけです。みなさんのお力のおかげで。でもその価値がどの程度のことなのか，私には全く分からないんですよ。なぜなら私にとっては当たり前のことだからです。

　いわゆる名人芸がなかなか周囲に広がらないのは，それが明確な形で伝えられるものになってないからです。だとするならば，そこのところをきちんと伝わる形にしましょうということを言い出した向山洋一先生は，非常にすごいと思うんです。そこが向山先生の一番の価値だと私は思っております。

大森－鈴木先生，このような技術が特別支援を行っていく場合に必要だと考えている技術はありますか。

鈴木－子どもの実態が分かる技術といいますか，少しつきあって，子どもの現在の様子が分かる技術が必要だと私は思っております。

大森－同じ質問で，高田さんいかがですか。

高田－同じ子どもでもその日の状態が全然違うので，表情であるとか，そういう，さまざまな見取りというか，その中でのツーウェイ，やりとりという技術が一番自分では大切だと思っております。

大森－今のお二人のは，個別支援という形で考えれば，子どもは一人一人違うから，あるいはおっしゃるとおりその日によって状態が違うから，それに対応した技術が必要なんだということですね。

　そのような言い方をしてしまうと，全然分からないことになります。

何でも通用してしまう。その子のその場面，教師との関係で，その場面でしか使えないものになってしまいます。

　もう少し一般化したいんですけれど。佐藤先生は，普通学級と特殊学級と養護学校のすべての経験がありますが，グレーゾーンの子どもに授業していくときにはこのような技術が大事ですよというのはありますか。

佐藤－すごく難しいことだと思うんですけど，それを逆に，私がADHDの子とか，LDの子とか，自閉症の子を演じ分けるときの基準と考えたらいいかな，というふうに思えます。

　何が違うかというと，その子どものことを見るとき，私は検査の項目でよく見ます。そうすると，例えばこの子は，見る方はまるっきり記憶が飛んでいるんだなということが分かる。そういうことをふまえて，見るというところは見ないで聞く方を中心に授業をとらえると，まるっきり授業として成り立たない。授業に入っていけない子に私がなりきっちゃうわけです。逆に，聞く方はすごく覚えているんだけれど文字からの情報が入らない子どもは，やっぱり授業しているときに，見るもので判断できないので，聞くだけでは理解できないことがたくさんあるわけです。そういう子どもになってしまう。子どもを演じ分けるときの基準というのは，一番簡単な知能検査と言われる，発達検査というくくりです。

　養護学校でも特殊学級でも通常学級でも，その子の一番できる，持っている能力の中で，高いところはどこなのかというのを私が判断する基準を持っていないと，たぶん授業はできないんだろうなと思います。

　樋口編集長に「そこらへんをちゃんと書きなさい」と宿題をいただいているんですが，なかなか書けないでいます。みなさんが演じ分け

ることができるようにするには，いったいどうやってお伝えしたらいいんだろうかと考えています。

　今日の大森先生のお話は，私は非常に重要な意味を持っていると思います。全然検査をしたことがない先生でも，「これって，こういうことなのね。この子にはこんなふうに見えてないのね」っていうのが分かるものがあると，たぶん，私とドクターがお話していることも，ドクターから聞いたときに私がイメージしていることも，ちょっとした違いとか，お医者さんが判断するときのものと教育側の違いとかも，すごく大きく見えてくるのかなと思います。すみません，分かりづらい話で。そんな感じを教師側が，みんなで同じようなものを持てると，すごく先に進むんじゃないかなというふうに思います。

大森－あのね。横山先生のお話の中で極めて印象的な話がありました。私にとってですよ。

> 　つまり，何かというと，自分にとっては当たり前のことをやっているわけだから，自分じゃよく分からないのだ。

　同じようなことは，私共にも言えるように思えるんですよね。つまり，教師が話し合っているときには，なんの不思議もないことが，教師でない人が聞くと，極めて不思議に思えるということですね。だからこそ，横山先生のような方の存在が，我々教師にとって極めて重要なわけです。

> 　その中で私が極めて印象的だったのは，「まず最初に全体の子どもを相手にしなさい」という言い方ですね。

私たちは，これまで「先生，これ困っているんだ」と言った子に，まず対応してきたわけです。それがどちらかというと私たちの常識なんですね。ところがそうじゃない。「まず，全体を相手にするんですよ」「全体を相手にするためにどういう技術が必要なんですか」と，こうなるわけです。それが今のTOSSの技量技能検定の項目で言えば「最初のつかみ」なんです。最初のつかみ，15秒のつかみ，授業が始まって15秒間で全体をつかんでしまう。そして，全体の子たちに明確な指示を出して，作業をさせる。その後で相手をしてもせいぜい30秒くらいしか経っていないんです。そのような技術を持っていなければ学級運営はできませんよというメッセージが，極めて強烈に響いたんですね。でも横山先生にとっては，そんなのは極めて当たり前という世界の話なんです。ですから私どもは，今後ますます横山先生を活用して，我々にとって，実際の授業と技術のレベルでの突き合わせをして，連携のあり方も含めて再構築をしていかなければいけないという気がしているわけです。

3　校内組織の機能

大森−そこでですね，授業力アップということが，今，最大の問題になっています。校内委員会がありますね。あるいはサポートチームでもなんでもいいのですが，そのような組織を作ったけれども実際は機能していないというのも事実なんです。横山先生は，いろいろな現場に行かれています。先ほど話がありましたけれども，そうした場合に，この学校はうまく機能して動いていると思う学校と，全然機能していないよ，機能不全に陥っているよというような学校とを見られていますよね。両者の大きな違いは，どこにあるとお感じになっていますか。

横山－難しい質問ですが，ずばり管理職ですね。

> 管理職がきちっとやっていない学校はだめですね。

後の方に出てきますが，どことは言いませんけれども，某教育委員会がですね，機能不全に陥っているようなことがよくあるんです。そうすると子どもの現場の実情と合わないわけです。現場の実情に合わないことがあったときに，身を盾にしてくれる校長さんがいる学校と，「教育委員会がこう言っているんだから，おまえが悪いんだ」と言う校長と，どっちがうまく動くと思いますか。一目瞭然です。そういうことです。最後は管理職だと思いますね。

　私，役所にものすごく言いたいのはですね，「役所はちゃんと役所の仕事をしなさい」ということです。

　うまくいっている例を示します。ある地域の保健所があります。ここには今から5年くらい前でしょうか，「グレーゾーン発達支援事業」というのがありまして，私がそこに招かれました。「グレーゾーン発達支援事業」とは，健診で引っかからないけれど怪しげな子をサポートする，そういう事業です。何にでも使えます。はっきり言って，何にでも使えるので，何にでも使っていいのです。

　最初はいろいろな子が来ました。ところがです。保健師が，私がこういう教育との連携であるとか，発達障害に関して詳しいというので，そういう面の問題がある子どもたちを山ほど集めてきました。

　そうやって使うわけです。法律を。法令を。こういうことをやりなさいという予算をつけてくれたんです。「その予算をいかに有効に使うか，いかに有効に使いこなすかということが私たちの仕事です」と，

担当の保健師は言いました。おかげでその保健所管内のグレーゾーン発達事業が非常に順調にいきました。今でも隔月で招かれています。1回行くと14人から15人の子どもが来ます。先生方とのやりとりをすることもあります。一方，その隣の管区のグレーゾーン発達支援事業は今はなくなりました。それくらい違います。

グレーゾーン事業というのは県にお金がないので，すでに打ち切りになっています。でも，これだけやっているんだから，これは残すべきだというので，保健所が現在も続けています。では，どこからお金を引っ張ってきているか。それは私は知りませんけれども，どこかの事業を流用しているのだと思います。そのような逃げ道といいますか，法律の状況に精通して，うまく使って，自分たちのやりたいことをちゃんとやると。そういう役所らしい役所仕事をきちっとやってくれと思います。そのことを，教育委員会や校長にお願いしたいというのが，私の思いです。

大森－言葉を失いましたね。校長の立場から言うと，先生方ももう少し勉強していただきたい，と言いたい学校もないわけではないのです。これほど重要な問題なのですよ，子どもさんの一生を左右しかねないような問題なんだよと言っても，分からない人には分からないのですよ。

横山－医者も全く同じことだと思います。

大森－だからこそ，この本をお読みいただいた皆さんに訴えたいと思います。この本をお読みいただいた管理職の皆さん，教師の皆さん，保護者の皆さん，行政の皆さん，みんなで横山先生が仰っているようなことを真摯に受け止めて，新しい連携の手掛かりにしていただきたいと切に思います。私たちも教師の立場で，管理職は管理職の立場で，

特別支援教育に対応できるような授業力を身に付けていくことを，この著書を通して誓いたいと思います。

VII 横山ドクターからの メッセージ

　横山氏は，大学で研究と臨床をしているだけではない。
　さまざまな機関の委員としても活躍をしており，多忙さは，想像を絶する。
　それだけに，医師，教師，マスコミ関係者，行政の担当者などと幅広い交流がある。これらの人たちとの交流を通して，伝えたいメッセージをお願いした。
　教師へのメッセージは，他の著書でも言われており，また，セミナーでも言われているということで一言で終わっている。
　医師として，子を持つ親として言いたい事は山ほどあるという横山氏であるが，非常に端的に言って終わっている。
　いずれ，機会を見つけてお話を聞きたい。ここに収録した機関は，いずれも特別支援教育に関わる機関であり，特別支援教育を充実させるためには行動連携をしなければならない機関だからである。　　　　　（大森　修）

大森－そこで，最後になりますけれども，今話がありましたように，教育というのは，教師，管理職，そして教育委員会，行政側ではこの3つが管理しております。その他に，報道機関も大きな影響を与えますね。

教師のみなさんに，それから管理職のみなさんに，行政の教育委員会のみなさんに，最後に情報機関の皆さんに，横山先生からメッセージをお願いできたらと思います。

1　先生方へのメッセージ

横山－先生方へのお願いというのは，

> 良い授業をしてください

というのが，一番のお願いですね。
　子どもたちは必死に努力をしているけれども，その努力が報われないような授業をするのはやめてくれというのが一番の思いですよ。いろいろな学校で授業を見せていただきますが，これはいい授業だなと思うような授業はそうそうないです。よい授業をしてくださいというのが一番のメッセージでしょう。

2　管理職へのメッセージ

横山－管理職の皆さんへのお願いは，

> ちゃんと下を見てほしい

ということでしょうか。

　世の中，上の方しか見ていない管理職がいるんですね。何を言っているのか分かりますね。そういう管理職というのが保護者からどう思われているか。保護者はちゃんと知っていますよ。保護者の中には管理職よりもインテリジェンスが高い人がいくらでもいます。そうすると，保護者は管理職をどう見ているか。きわめて辛辣ですよ。ここではちょっと言えないです。それぐらいのことを保護者は知っています。

　校長が自分の子どもの担任に対してどのような行動を取っているか，ＰＴＡであるとかいろいろな立場で，きちんと知っているのです。そして，自分が得た情報を利用しながら校長を動かしている保護者はちゃんといます。校長は，全然そのことを知らない。私は，何度かそういう保護者を見てきました。

　きちんと下を見ている校長は，そういう目に合いません。そのことをよく知っていてほしいと思います。

3　教育委員会へのメッセージ

横山－教育委員会の先生方には，

> ちゃんとお役所仕事をしてほしい

ということです。

　公務員というのは公僕であるということを，きちんと分かってやってほしいということです。仙台市の藤井市長は，かつて教育長でした。非常に腰の低い，しかも教養にあふれる先生です。このようなお方にこそ，教育に携わってほしいと今なお思います。

下が言うことを聞かないと，とんでもないことが起こってしまいます。このことは，我々が気をつけて行かなければならないと思っています。

4　報道機関へのメッセージ

横山－最後に，情報機関にお願いしたいことです。これは，

> ネタになることばかりを追いかけるな

ということです。

　どんなことか，実例を挙げます。かつて，MMRワクチンというワクチンがありました。麻疹と風疹とおたふく風邪，この3つの3種混合ワクチンです。

　この副作用の合併症が，300人に1人くらい出てしまい，使用中止になりました。300人に1人くらい，入院が必要な，または，それに近い合併症が起こってしまいました。それで，このワクチンは危険だとマスコミが叩きました。当然お母さんたちは，ワクチンは危険だという思いがあって，受けなかったのです。

　1年後，何が起こったか。麻疹の大流行ですよ。麻疹は大変な病気です。39度の熱が2週間以上続きます。困るのは，1000人に1人くらい，非常に重症な肺炎を起こして，呼吸不全で亡くなることです。5000人に1人くらいは，脳炎で亡くなってしまいます。

　MMRワクチンがなくなったおかげで，そしてワクチンのうちひかえがあったおかげで，麻疹の大流行があって，東京都だけで1年で100人以上が死んでいます。おそらく全国で数百人以上が亡くなった

でしょう。

　そのことをきちんと訴えたマスコミはないのです。ワクチンをちゃんと打ちましょうとちゃんと伝えたところは私の知る限りないです。もしあったら私に教えて下さい。きちんと大々的にキャンペーンしたマスコミはないと思います。

　逆に，ＭＭＲワクチンは危険だとキャンペーンをしたマスコミはいっぱいあります。誰がツケを負ったか。数百人の死んだ子どもたちですよ。そのような社会的な責任ということを考えて報道してほしいということを，常に私は思っています。

　特別支援に関連することでも同じことが現在いっぱい起こっているように私は思います。例えば，１年ほど前，水銀が自閉症の原因かという問い合わせが病院にどれだけきたか分からないです。ちょっと調べれば，それが嘘だとすぐに分かるはずです。

　そういう社会的な責任を果たせないマスコミはいなくていい。もちろん，人のやることですから，間違いはあっていいです。仕方ないです。しかし，間違ったなら間違ったなりの対応をしなさい。説明責任をきちんと取りなさいと。大森先生がいつも仰っていることですが。そういうことを，マスコミにも期待しています。

大森－横山先生が個々にお話，発表された，通常学級におけるグレーゾーンの子どもたち，特別支援を必要としている子どもたちに必要な事柄を，まとめて教師の皆さんに提供したいという願いがありまして，樋口編集長さんにお願いして，対談が実現しました。

　この本が出ることを大変楽しみにしております。私ども教師にとりましても，この本が有益なものになるものと確信しております。

　この会の企画を快く引き受けてくださいました横山先生，明治図書

の樋口編集長さん，会場等さまざまな手配でご活躍いただいたＴＯＳＳ／Ｈｕｍａｎの皆様方に感謝をして，この会を終わらせていただきたいと思います。

　参加していただいた皆様にも感謝を申し上げたいと思います。

　ありがとうございました。

あとがき

特別支援教育が「話題」になっている。

> 困った。どうしたらよいか分からない。

嘆きに近い。いや，嘆きそのものである。

嘆きは，担任教師だけのものではない。管理職にもある。ときには行政担当者にもある。

悲劇も生まれている。

- □ グレーゾーンの子どもが排斥されて転校した。
- □ 担任教師が，障害を理解せず，「ニワトリの頭」などと言う。
- □ 対応が分からず，疲労困憊しているのに誰も助けてくれない。
- □ 保護者は聞く耳を持たない。教師も説得できない。軋轢だけが大きくなる。

どこに問題や課題があるのであろうか。

子どもに関係している機関それぞれに問題があるのである。診断をしたからそれ以上は知らないという態度を示す医療機関，研修をしているのだからそれ以上は学校の問題と突き放す教育委員会，躾がなっていないと家庭を責める担任教師，障害を受け入れないで我を張る保護者，学校のシステムを構築しない管理職など，いずれかがだめで苦しんでいる保護者や担任教師もいる。

では，もっとも苦しんでいるのは誰か，である。

言わずと知れている。

> 子どもである。

　子どもがもっとも苦しんでいるのだという事こそが，それぞれの関係者の立脚点でなければならない。
　本書は，医療の側から関係者に警告と問題提起を続けている横山浩之氏（東北大学医学部小児科）との対談内容である。
　特別支援教育を「話題」にするすべての教師に手にしてもらいたい横山氏の著書がある。

---

(1) 『ＡＤＨＤ／ＬＤ指導の基礎基本』（明治図書）
(2) 『軽度発達障害の臨床』（診断と治療社）
(3) 『ＴＯＳＳ特別支援教育の指導ＭＬ相談小事典』（明治図書）

　本書は，これらの著書と密接に関係している。
　本書では，通常学級に在籍中の特別な支援を必要としている子どもをめぐる横山氏の主張や問題提起を，対談という形でまとめたものである。
　担任教師という言い方には，担任でない教師もいることが言外の意味としてある。
　しかし，である。
　間違ってもらっては困る。

> すべての教師が，担任している。

発見されていないだけのことである。

　横山氏から「スクリーニング」を受けるならば，たちどころに発見されるはずだからである。

　従って，すべての教師，もちろん，管理職も行政関係者にも読んでいただきたいと強く念願する。

　そして，保護者と真摯に向き合っていただきたい。

　一番向き合わなければならないのは，子どもである。

　本書が，子どもと向き合う手助けをすることになることを願っている。子どもと向き合える手助けをすることこそ，本書の眼目である。

　そうなれば，本書の対談を快諾された横山浩之氏，出版を快諾された明治図書の樋口雅子氏，対談の記録をしてくれたＨｕｍａｎの皆様，とりわけ高橋佳子氏にも報いることができる。

　　　　　　　　　　　　　　平成17年5月　　大　森　　修

【著者紹介】

横山　浩之（よこやま　ひろゆき）

東北大学病院　小児科
医学博士　専門は小児神経学
同病院にて，発達支援外来を主宰
著書に
『ADHD／LD指導の基礎基本』（明治図書）
『軽度発達障害の臨床』（診断と治療社）
などがある。

大森　修（おおもり　おさむ）

1946年新潟県生まれ
日本教育技術学会理事
日本言語技術教育学会理事

横山浩之・大森修の"医師と教師でつくる新しい学校"

2005年9月初版刊	©著者　横　山　浩　之
2005年10月再版刊	大　森　　　修

発行者　藤　原　久　雄
発行所　明治図書出版株式会社
　　　　http://www.meijitosho.co.jp
（企画）樋口雅子（校正）木下須美子
東京都豊島区南大塚2-39-5　〒170-0005
振替00160-5-151318　電話03(3946)3151
ご注文窓口　電話03(3946)5092

＊検印省略　　印刷所　株式会社カシヨ

本書の無断コピーは，著作権・出版権にふれます。ご注意ください。

Printed in Japan　　　　　ISBN4-18-012137-9

医学と教育との連携で生まれた

グレーゾーンの子どもに対応した
作文ワーク

【6857 B5横判・2793円（税込）】横山浩之 監修　大森 修編
グレーゾーンの子どもに対応した　作文ワーク　初級

【6858 B5横判・2163円（税込）】横山浩之 監修　大森 修編
グレーゾーンの子どもに対応した　作文ワーク　中級

【6859 B5横判・2163円（税込）】横山浩之 監修　大森 修編
グレーゾーンの子どもに対応した　作文ワーク　上級1

【6860 B5横判・1533円（税込）】横山浩之 監修　大森 修編
グレーゾーンの子どもに対応した　作文ワーク　上級2

どの学級にもいるといわれるADHD・LDの子、いわゆるグレーゾーンの子どもに、基礎学力を保障するため、「書く」指導をどう見直すか。医療側との連携による新しい作文ワークを1年間かけて提案した。直ぐ使えて効果抜群は実践した教師の実証済み。

http://www.meijitosho.co.jp　FAX 03-3947-2926
ご注文はインターネットかFAXが便利です。（インターネットによるご注文は送料無料となります。）

〒170-0005
東京都豊島区南大塚2-39-5　　明治図書　ご注文窓口　TEL 03-3946-5092

併記4桁の図書番号（英数字）でホームページでの検索が簡単に行えます。

『社会科教育』２００４年６月号臨時増刊　【17045　Ｂ５判・1200円（税込）】

新版！社会科学習用語まとめくん

向山洋一 監修・師尾喜代子 編

このワークは、単元のまとめをさせたい、大切な用語を身につけさせたいという時に最適な教材です。ワークをプリントして渡せば、自分１人でできるように作られています。

リニューアルにあたり、レベルを２段階に分けました。基礎問題は、教科書程度で10問、学習時間も10分～15分でできるようにし、発展問題は難易度を高くした問題です。

他の様々な学習活動と組み合わせて、児童にとってより有効な活用方法を工夫していただければと思います。

師尾喜代子

６年の社会科学習用語
大昔のくらし／貴族の世の中／武士の世の中へ／新しい時代の国づくり／他

５年の社会科学習用語
農業のさかんな地域をたずねて／水産業のさかんな地域をたずねて／他

３・４年の社会科学習用語
私たちの市／安全を守るくらし／住みよいくらし／昔のくらし

社会科の思考を鍛える新テスト
―自作のヒント―

北　俊夫 著

【4070　Ａ５判・2163円（税込）】

1. テストで社会科授業を変えられるか
2. 思考力と知識を評価する新テスト問題
3. テスト問題改革のための提言
4. 観点別の問題作成のポイント

http://www.meijitosho.co.jp　FAX 03-3947-2926
ご注文はインターネットかFAXが便利です。（インターネットによるご注文は送料無料となっています。）
〒170-0005　東京都豊島区南大塚2-39-5　明治図書　ご注文窓口　TEL 03-3946-5092

併記４桁の図書番号（英数字）でホームページでの検索が簡単に行えます。

ADHD/LD 指導の基礎基本
―知って欲しい・出来て欲しい50の原則―

東北大学病院小児科助手　横山浩之 著

【6267・A5判　2415円（税込）】

『TOSS特別支援教育の指導ML相談小事典』に次ぐ著者の二作目が刊行された。
　前書は、現場教師の「悩み」に緊急に対応した「基礎知識」と「対応術」を提供した。本書は、ADHD/LDについての「基礎・基本」の解説であり、教師として知っていなければならない内容でもある。また、教師として「出来て欲しい50の原則」を対応術として提供している。
　医療と教育との連携最前線で多くの教室の現実と関わってきた著者ならではの知見が随所に見られる。
　教室の現実に影響のある待望の著書の誕生であり、歓迎したい。

大森　修

TOSS特別支援教育の指導ML相談小事典
横山 浩之 著　企画協力　竹田 博之

横山ドクターをはじめ専門医のアドバイスを受けながら、TOSS特別支援教育・障害児教育の教師グループが、これまでの実践、疑問等をまとめた。すべての教師が教室の机上に置くべき一書。

【1490・A5判　2163円（税込）】

新たな障害児教育システムの構築
群馬大学教育学部附属養護学校 編著

文部科学省から教育課程の研究開発学校の指定を受け、知的障害のある児童生徒一人ひとりの教育ニーズの把握から、特別支援プラン・特別支援プログラムの具体化、授業実践、評価まで、一貫したニーズ教育のあり方を追求。

【1496・A5判　2520円（税込）】

http://www.meijitosho.co.jp　FAX 03-3947-2926
〒170-0005　東京都豊島区南大塚2-39-5　明治図書　ご注文窓口　TEL 03-3946-5092

ご注文はインターネットかFAXでお願いします。（インターネットによるご注文は送料無料となります。）
併記4桁の図書番号（英数字）でホームページでの検索が簡単に行えます。